ブラジリアン柔術

必勝！戦術バイブル

試合運びがわかる実践動画付き

増補改訂版

TRI-FORCE
JIU-JITSU ACADEMY SINCE 2004
トライフォース柔術アカデミー
早川光由・芝本幸司 監修

メイツ出版

はじめに

ブラジリアン柔術とは、寝技を主体とする組み技系の格闘技です。移民としてブラジルに渡った日本の柔道家・前田光世氏が、地元の有力者であったガスタオン・グレイシーの長男カーロス・グレイシーにその技術を伝えた事に端を発する、その名の通り、ブラジルで誕生した柔術です。

トライフォースは、２００４年に私、早川が設立したブラジリアン柔術のアカデミーであり、日々、多くの会員が道場で汗を流しています。趣味や健康維持を目的とした会員はもちろん、中には本格的な選手・格闘家として活動し、国内外の競技会において優秀な成績を収めている会員も多数輩出しています。また、団体としても全日本選手権を複数回制覇するなど、国内最高の柔術アカデミーとしての栄誉を受けています。

この度、私たちトライフォースが書籍を監修するにあたり、単なる技の解説ではなく、これまでに類を見ない、戦術に特化した内容にこだわりました。私たちが蓄積してきた幾多の経験を元に、試合に勝つための試合運びや状況に応じた考え方、相手との駆け引きなど、技のかけ方ではない、言ってみれば身につけた技術をより活かすための方策を、なるべく具体的に解説しています。

選手として活動している方はもちろん、趣味として取り組んでいる方にとっても、有意義な情報を網羅したと自負しています。また、ブラジリアン柔術を学んでみたいと考えている方にとっても、競技の奥深さや魅力の一部を知っていただく絶好の機会となるでしょう。すべてのブラジリアン柔術の競技者に、出会えてよかったと思っていただける一冊となれたら幸いです。

トライフォース　早川光由

目次

※本書は2020年発行の『ブラジリアン柔術 必勝！ 戦術バイブル 攻防を制する55のポイント』を元に加筆・修正、装丁を変更し、「増補改訂版」として新たに発行したものです。

第一章 試合開始直後・中盤・終盤での攻防――7

01 基本～基本姿勢 スタンディングポジションの基本的な2姿勢＋1を知る――8

02 基本～基本的な考え方 ブラジリアン柔術の特殊性を再認識しておく――10

03 序盤～開始直後の攻防 試合開始直後は、組みに行ってみて相手のタイプや特徴を見極める――12

04 序盤～開始直後の攻防 相手の構え方を見て、タイプを判断する――14

05 序盤～開始直後の攻防 相手が引き込んでガードから攻めたいタイプと判断したら、それを逆手に取って攻める――16

06 序盤～開始直後の攻防 組んでくるタイプの相手に対し、自分も組みたい場合は、組んでみて先の展開を考える――18

07 序盤～開始直後の攻防 組んでくるタイプの相手に対し、組みたくない場合は、クラウチングで様子を見る――20

08 序盤～開始直後の攻防 ファーストコンタクトでサブミッションを極められないよう注意しておく――22

09 序盤～リードしたときの攻防 序盤でポイントを奪えたら、より積極的に攻め、相手の情報収集も同時に行う――24

10 序盤～リードされたときの攻防 序盤にポイントを奪われても、焦らずスタミナロスに注意し、ガードポジションを作る――26

11 中盤～イーブンでの攻防 中盤で差がない状況で上から攻める場合は、スイープとサブミッションに注意しながらパスガードを狙う――28

12 中盤～イーブンでの攻防 収集した情報を活用し、ディフェンスの空白を突いてパスガードを狙う――30

13 中盤～イーブンでの攻防 中盤で差がない状況でガードから攻める場合は、パスガードに注意しながらスイープ等を狙う――32

14 中盤～イーブンでの攻防 バランスを取ることで必死になるくらい相手を動かしてミスを誘発させ、技をつないで攻める――34

15 中盤～優勢での攻防 アドバンテージ等でリードしている状態でスイープできる状態が作れていれば、あえて返さずに時間を使う――36

16 中盤～優勢での攻防 僅差のリードなら、消極的なストーリングのペナルティを受けないよう注意しておく――38

17 中盤～優勢での攻防 2ポイント差のリードで中盤に差し掛かったら、カウンター技あるいはミスを誘発させてポイントを重ねる――40

18 中盤～優勢での攻防　中盤で3ポイント差以上のリードなら、余裕を持って攻めてサブミッションやマウントを狙う――42
19 中盤～劣勢での攻防　中盤に差し掛かりペナルティ数で差を付けられた場合は、受けた数でその後の展開を考える――44
20 中盤～劣勢での攻防　中盤で僅差でリードされている場合は、焦らず相手の攻撃をしのぎ、攻撃のチャンスをうかがう――46
21 中盤～劣勢での攻防　中盤で僅差でリードされているなら、サブミッションを仕掛けてポイントやアドバンテージを狙う――48
22 中盤～劣勢での攻防　2ポイント差でリードされているなら、隙を見せ相手に来させてポイントを取ることを考える――50
23 中盤～劣勢での攻防　中盤で3ポイント以上離されても、ガードポジションに戻してポイントを積み重ねていく――52
24 終盤～イーブンでの攻防　ポイント差がない状況で立ち再開になったら、リセットしテイクダウンやアドバンテージを狙う――54
25 終盤～イーブンでの攻防　終盤でポイント差がない場合は、レフリー判定を意識した攻撃を行う――56
26 終盤～優勢での攻防　終盤で僅差リードなら、ペナルティを受けないよう注意しながら、攻撃を利用した守りに徹する――58
27 終盤～優勢での攻防　終盤、2ポイント差でリードしているなら、守備に徹して試合を終わらせる――60
28 終盤～優勢での攻防　3ポイント以上の大差でリードなら、サブミッションを狙うか、以降の試合を考え体力温存に努める――62
29 終盤～劣勢での攻防　僅差でリードされているなら、ガードからはシンプルな技で手数を、上からはアドバンテージ狙いで攻める――64
30 終盤～劣勢での攻防　2ポイントリードされているなら、ガードからは2ポイントを、上からは3、4ポイントの技を狙う――66
31 終盤～劣勢での攻防　3ポイント以上差をつけられているなら、ガードからは連続技かサブミッション、上からはポイント差で選択肢を変える――68
章末コラム　～早川光由の格言1～――70

第二章　実戦に則した戦術テクニックと戦略――71
32 無駄な失点を防ぐ　無駄な得点を相手に与えてしまうのを防ぐ――72
33 防御からの攻め　四つ這いでバックを取られた場合、すぐに反転して仰向けになり防御する――74
34 ポイント奪取　見落とされがちな2ポイントを奪える攻撃――76

35 ポイント奪取　連続加点につながるパスガードの方法 78
36 ポイント奪取　スイープのあと、ポイントを加算していく 80
37 ポイント奪取　完全に防御され攻め手がなくなったとき、ポジションを変えてポイントを重ねる 82
38 ポイント奪取　バックコントロールでサブミッションが極まらないと思ったら、わざと逃がしてポイントを重ねる 84
39 ポイント奪取　サイドコントロール等でプレッシャーをかけ、わざと逃がしてポイントを重ねる 86
40 ポイント奪取　サイドコントロールからニーオンベリーに移行し、加点を狙いながら展開を変える 88
41 ポイント奪取　サブミッションをしかけ、逃げられるようであればスイープで2ポイントを取る 90
42 ポイント奪取　トップポジションでありながら、寝込みながら得点を狙う 92
章末コラム　～早川光由の格言2～ 94

第三章　トップ選手が実際の試合で用いた戦術 95
43 澤田伸大選手の実例　最初に相手のタイプを判断し、力の拮抗する相手の場合はアドバンテージを意識する 96
44 篠田光宏選手の実例　対になる二つを同時に攻め、返される瞬間に攻める意識を持ち、焦る相手に落ち着いて対処する 98
45 芝本幸司選手の実例　ダブルガードを確実に成立させ、アドバンテージのリードを保ちつつポイントをコントロールする 100
46 芝本さおり選手の実例　ルーチャやペナルティ、2ポイントまでは許容し、パスガードのチャンスをうかがう 102
47 鈴木和宏選手の実例　過去の対戦経験から戦略を立て、相手を封じながら攻める姿勢を見せ、強引な仕掛けに対しカウンターを狙う 104
48 山田秀之選手の実例　序盤で相手の体力、精神力を削り、中盤の転機でコンビネーションパスを仕掛け、サイドやバックを狙う 106
49 吉永力選手の実例　自分の形を作れる展開でバックが取れたら、焦らず力を入れ過ぎず攻める 108
章末コラム　～早川光由の格言3～ 110

第四章　ブラジリアン柔術と試合に対する心構え 111
50 競技に対する心構え　目の前の技術とその先の技術を同時に学ぶ 112
51 競技に対する心構え　同じ技は掛けられない、たまたまできた技は確実に覚える 114

52 試合に対する心構え　目標としている試合から逆算して練習をおこなう　116
53 試合に対する心構え　試合当日の審判団の癖や傾向を、嗅覚を働かせて把握しておく　118
54 試合に対する心構え　試合は強気で臨み、出場する意義を再認識しつつ全力を出し切ろう　120
55 試合に対する心構え　感謝の気持ちで試合の臨もう　122
56 試合に対する心構え　負け試合でも最後まで全力を出し切ろう　124
章末コラム　～早川光由の格言4～　126

第五章　試合（大会）前の調整法　127
57 調整法　試合が決まった段階で、その試合のテーマを決めて日々に臨む　128
58 調整法　減量プランを考えて実行する　130
59 調整法　疲労を取りながら体力レベルもキープしていく　132
60 調整法　試合前のウォーミングアップは普段行っているものを行う　134
61 調整法　試合当日必要な栄養補給はすべて準備しておく　136
62 調整法　試合前の5分間をどう過ごすかイメージトレーニングしておく　138
章末コラム　～早川光由の格言5～　140

本書の使い方

・二次元コード
第三章は、内容と連動した動画を見ることができます。スマートフォンやタブレットのバーコードリーダー等で二次元コードを読み取り、動画を再生してください。視聴の際の注意事項、パソコンで視聴する方法は143ページで説明しています。

・Point1～3
このページで解説する技を、3つのポイントで解説しています。

・アドバイス
Point以外の大切な事項などを記載しています。

・本文
このページで解説する技の概要を記載しています。

・タイトル
このページで解説する技を、具体的な表現で記載した見出しです。

第一章

試合開始直後・中盤・終盤での攻防

この章では、試合開始直後の相手のタイプの見極め方や試合の入り方、序盤、中盤、終盤それぞれでポイント差による考え方、試合の進め方など、状況別の攻防について解説する。

No.01

基本
基本姿勢

スタンディングポジションの基本的な2姿勢+1を知る

まずはじめに、基本的な構え方2種類と、基本的ではないが、試合でよく見られる極端な低空の構え方の3種類を再確認しておこう。

体重の重い階級や柔道経験者などによく見られるのが、相手と組み合うことを想定したアップライトの構え方だ。中軽量級の選手に多く見られるのは、重心を低くし、前屈みになるクラウチングの構え方。相手のタックルを警戒し、また相手を引き込むことも想定した構え方といえる。尻をマットギリギリまで下げる、極端な低空の構え方は、相手を引き込みたい場合に見られる構え方だ。

ここで重要なのは、自分の構え方（スタイル）を見つけることではなく、相手の構え方に合わせ、柔軟に対応できる技術を身につけることだ。

Point 1 アップライトで構える

両足を前後に開いて両手を胸の前に構え、膝を軽く曲げて重心を低くするのが特徴。

この姿勢の選手は、相手を投げ、上からの攻めを狙っている場合が多いと言える。ただし、相手を引き込むことも可能な姿勢でもあるため、相手によって対応を変えられる万能型の構えと言える。

Point 2 クラウチングで構える

中軽量級の選手によく見られる、クラウチングの構え。

両足を前後に開いて両手を胸の前に構えるのはアップライトと同じだが、相手のタックルや、引き込んでガードから攻めを狙っているため、上体を前屈みにし、膝を深く曲げて重心を落とすのが特徴。

Point 3 引き込みを狙って極端に低く構える

クラウチングよりも重心を低くして、尻がマットすれすれになるくらいに構える場合もある。

これは、相手を引き込むことしか考えていない場合に見られる構えと言える。ガードから攻めることを前提としているため、すぐに尻をマットに着地できるようにしているのが特徴。

アドバイス

相手の構え方によって変えられる対応力を

ブラジリアン柔術では、ここで解説したような基本的な構え方がある。しかし、たとえばアップライトで構えるのが自分のスタイルだったとしても、相手のタイプによっては、構え方を変えていくことが重要だ。

たとえば相手がクラウチングで構える選手なのに対し、自分は頑なにアップライトで構えたとする。これではタックルを受けやすくなってしまい、それだけで不利な状況を自ら作り出してしまうことになるだけだ。

重要なのは、自分のスタイルを貫くことではなく、相手に応じて柔軟に、しかもどの構え方であっても高いレベルで対応できる技術を身につけることだ。

No.02

基本
基本的な考え方

ブラジリアン柔術の特殊性を再認識しておく

経験者であれば、無意識のうちに理解していることかもしれないが、ガードから始めた方が、さまざまな選択が可能となる、ということを再認識しておこう。つまり、ガードであれば、スイープで上になることも可能だが、上のポジションから安易にガードになろうとすると、スイープされたことになり、不用意な2ポイントを相手に与えてしまうことになる。

さらに、上からはパスガードが主な攻めとなるが、ガードであればスイープはもちろん、サブミッションを狙うこともできる。

ただし、お互いがガードを狙った結果、ダブルガード状態になることもある。その場合は、先に立ってアドバンテージを奪取しつつ、上から攻めることも考えておこう。

Point 1
ガードからなら さまざまな選択肢が トライできる

ガードポジションが作れているなら、防御はもちろん、隙があればサブミッションも狙える。また、スイープでポイントを奪い、さらに自分が上になることも可能だ。

ガードからの場合は、さまざまな選択肢がトライできると認識しておくといい。

Point 2
トップポジション からはパスガードを 狙う

自分が上にいる場合、サブミッションを狙うのは非常に難しい。そのため、ガードを掻いくぐりパスガードを狙うのが主な攻めとなる。

安易にガードになろうとすると、スイープによる不用意な2ポイントを相手に与えることになるので注意が必要だ。

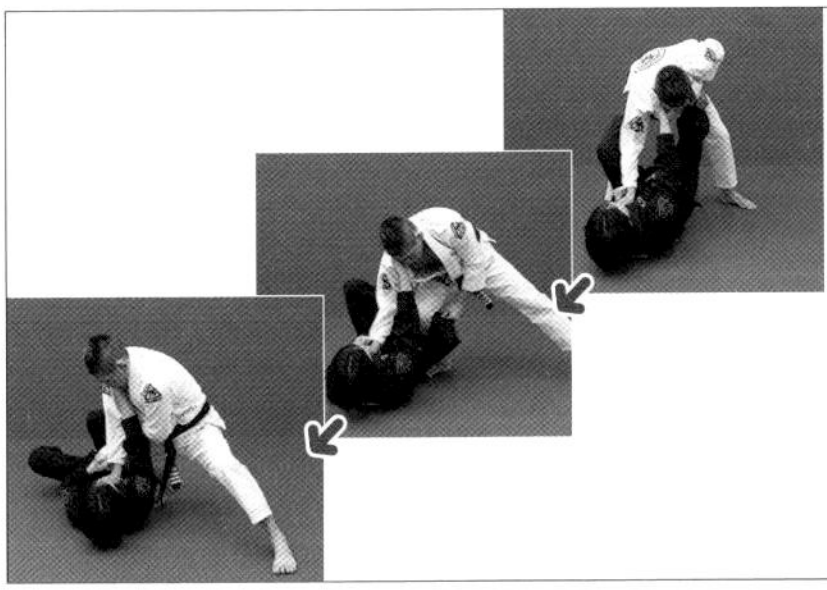

Point 3
上から来ないなら 自分が上から攻める

ポイントを取られたり、アドバンテージを相手に与えずに済むなら、自分がガードを選択したいと考えている選手は多い。

そのため、もしダブルガード状態になるようであれば、先に立ってアドバンテージを奪取しつつ、上から相手を攻めていくといい。

アドバイス
ハイレベルな オールラウンダーを 目指そう

相手が上にならないなら、こちらが上になって攻めようと解説したが、それを可能にするためには、上からの攻めに自信を持てていることが前提となる。

上になりたがらないというのは、裏を返せば、上からの攻めを得意としない選手が多いということの現れ。立ちの攻防もでき、寝技の攻防で上からも下からもよし、という風に、いかなる状況にも対処できる、いい意味でのハイレベルなオールラウンダーになることが、試合に勝つためには必要になってくる。

No.03

序盤
開始直後の攻防

試合開始直後は、組みに行ってみて相手のタイプや特徴を見極める

過去に対戦経験のある選手や、事前に十分な情報収集ができている選手である場合は別だが、まったく知らない選手と対戦する場合は、相手がどのようなタイプなのか見極めることが重要だ。

たとえば柔道出身の選手であれば、まずは組み合って投げるなどして、テイクダウンの2ポイントを奪いつつ、自分が有利になる体勢を作ろうとするだろうし、立ったまま組み合うのを嫌う選手であれば、引き込もうとするはず。もちろん、自分がどのような戦い方を得意としているかにもよるが、相手の術中にはまらないようにすることは、勝利への近道と言える。

自分自身のタイプを理解した上で、相手のタイプをしっかりと見極め、それぞれの対応策を用意しておこう。

Point 1 前屈みになって タックルを警戒

柔道経験者などにありがちなミスとして、腰を高くしたままの状態で、そのまま相手と組み合おうとしてしまうことがある。

このような状態では、相手にタックルされる危険性が非常に高くなるので、前屈みの状態で、相手から下半身を遠ざけておこう。

Point 2 相手と組みにいき反応を見る

相手の襟や袖を取りに行ってみよう。相手がそれを嫌がらないようであれば、あるいは相手も積極的に襟や袖を取りに来るようであれば、立ったままでの攻防に自信がある証拠。

こちらの手を切るような仕草が多ければ、引き込みたいタイプと判断できる。

Point 3 引き込むチャンスを同時に狙っておく

相手のタイプを見極めると言っても、見極めている最中に相手が隙を見せるようなら、そのチャンスを逃す手はない。積極的に攻めに転じよう。

瞬時にテイクダウンを狙ってもいいし、引き込めるようならガードからの攻めに転じてもいい。機先を制するのは重要なことだ。

アドバイス

自らのタイプによって対応は違ってくる

組み合ってもよし、引き込んでもよし、という選手であれば、相手のタイプに合わせて試合を進められるだろうが、そのようなタイプは多くない。自分がどちらのタイプなのかをしっかり理解した上で相手のタイプを見極め、それぞれの対応策を用意していくことが望ましい。

No.04

序盤
開始直後の攻防

相手の構え方を見て、タイプを判断する

No.01ではブラジリアン柔術における基本的な姿勢3パターンを解説したが、これはそのまま相手のタイプを判断する材料にもなり得ると知っておこう。

アップライトに構える選手は、引き込むことよりも組んで投げを狙っていることが多いといえ、柔道経験者等に多く見られる傾向にある。ただし、アップライトは、この体勢から引き込むことも可能なので、万能型の選手も用いたりすることがある構え方だ。

クラウチングは、投げではなく引き込んでからの展開に持ち込みたいタイプ。超低空に構える場合は、立った状態での攻防は一切考えておらず、引き込むことしか考えていない。つまり、引き込んでからの攻防に絶対的な自信を持っていると判断していい。

Point 1 アップライトは投げを狙うタイプ

基本的な構え方でも解説したとおり、アップライトに構える選手は、まずは相手と組んで投げることを考えていることが多いタイプだが、引き込むことも可能なので、注意しておこう。

柔道出身者に多く見られるが、ごく稀に、組んだとき、バランスの悪い選手もいる。

Point 2 クラウチングはタックルか引き込みたいタイプ

レスリングのように、上半身を倒して前屈みになるタイプは、タックルなどで足を取りたいか、相手を引き込みたいと考えている。引き込んでからの試合展開に自信を持っているタイプだ。

ブラジリアン柔術では、特に中軽量級クラスの選手では、いちばん多く見かける構え方と言える。

Point 3 引き込むことしか考えていない極端な低い姿勢

腰（尻）の位置が低ければ低いほど、床に着地する時間を短くできる。しかし、その位置から立とうとすると、時間がかかるだけでなく、かなり無理することになる。

つまり、このような極端に低い姿勢で構えるタイプの相手は、引き込むことしか考えていないと断言していい。

アドバイス

足を触られた状態での引き込みに注意

Point3のように、自分が極端な低い姿勢で構える場合、または、このタイプに合わせて自分も同様に構える場合は、特に注意しなければいけないことがある。それは、相手を引き込む瞬間、前足を触られていると、タックルされた（テイクダウン）とみなされ、2ポイント取られてしまうことだ。

明らかに自分が引き込んでいる場合であっても、ルール上、ポイントを取られてしまうので注意しておこう。

流れ

No.05

序盤
開始直後の攻防

相手が引き込んでガードから攻めたいタイプと判断したら、それを逆手に取って攻める

相手のタイプがガードから攻めたいタイプだと判断した場合は、相手の狙いを逆手に取って攻めるのが効果的だ。

つまり、相手は引き込むことを考えているのでNo.04で解説したように、引き込むタイミングに合わせて足を取れば、テイクダウンを狙わなくても労せず2ポイント取ることができるわけだ。また、相手が引き込んだ瞬間を逃さず、瞬時にパスガードを狙ってもいい。

さらに、タイミングを合わせてダブルガードプルポジションにできれば、先に立つことでアドバンテージももらえる。ただし、近年では、傾向としてダブルガードプルポジションが認められにくくなっている。注意しておこう。

Point 1 みなしテイクダウンの2ポイントを狙う

No.04では、相手を引き込む際に足に触れられていると、2ポイントを取られると解説した。

このルールを利用して、相手がガードからしか攻めず、引き込むことしか考えていないようであれば、その瞬間に足を取り、2ポイント取ることを考えておこう。

Point 2 引き込む瞬間を突いて速攻を掛ける

相手が引き込むと分かっているのであれば、その瞬間を狙って速攻を掛けることも考えておこう。

つまり、引き込もうとするタイミングに合わせて、一気にパスガードを狙ってしまえばいい。軽量級になればなるほど、パスガードは難しくなる。

Point 3 先に立ってアドバンテージをもらう

ダブルガードプルポジションになった場合、その状態を続けても、立ち姿勢から試合が再開されるだけだ。

この状態になった場合は、すぐに立ってアドバンテージをもらうといい。こうして有利な状態にしておいて、トップから攻めていけばいい。

アドバイス

近年は取られにくいポジションでもある

ダブルガードプルポジションだが、近年ではあまりダブルガードプルポジションを認めず、一方がガードポジションであると判定されることが多い。

よほど同時でない限り、少しでも先に床に着地した方がガードポジションとなるので、先に立ったからといって、自分が上だと判断されていた場合には、当然、アドバンテージはもらえないので注意しておこう。

そういうことがあると覚えておけば、アドバンテージがもらえなかった場合でも、動揺せずに済む。

No.06
序盤
開始直後の攻防

流れ

組んでくるタイプの相手に対し、自分も組みたい場合は、組んでみて先の展開を考える

中軽量級の試合で多く見かけることはないが、重量級の試合ではアップライトで組み合おうとする選手も比較的多いものだ。相手がそのようなタイプで、こちらも組んでも構わない、あるいは組むのが得意だと思っているのであれば、当然だが、まずは組んで試合を進めてみよう。組んでみると、どちらが力が上か分かるので、その判断によって、以降の試合の進め方を変えていけばいい。

組んで投げることを考える場合、投げることそのものが目的でないことは覚えておこう。あくまでも、有利に寝技に移行するための手段であり、テイクダウンの2ポイントを奪うことも可能である、という認識を持っておくことが重要だ。

Point 1 まずは組んで投げることを考える

重量級の選手に多くなると思うが、相手も自分も組んで投げることを考えるタイプなのであれば、当然だが、まずは組んでみよう。

相手と組み合うと、どちらが力が上なのか判断できるものだ。その判断によって、試合の組み立て方を考えよう。

Point 2 組んだ時、相手が上と判断した場合

引き込みにシフトする

クラウチングで構え直す

組んだ時、明らかに相手の方が力が上だと判断した場合は、組み続けても投げられて2ポイント取られる危険性が高くなるだけだ。

無理に続けるのではなく、引き込みにシフトすることも考えよう。あるいはクラウチングで構え直してもいい。

Point 3 組んだ時、相手が下と判断した場合

組んでみて、相手より自分が力が勝っていると判断した場合は、投げて2ポイント取ることを考えよう。その上で、上から攻めればいい。

ただし、投げることそのものは目的ではない。寝技に移行した際、有利な状況を作ることが投げる目的だ。

アドバイス

投げは目的ではなく寝技を有利にする手段

Point3で、投げる目的は寝技に移行したときに、有利な状況を作ることが目的であると解説した。投げてテイクダウンができれば2ポイント取れるが、ポイントはおまけ程度と考えておこう。

また、こちらが投げられると判断したということは、相手にしてみれば自分の方が力が劣っていると感じているはずで、引き込みにシフトする可能性もある。そこで、引き込みも想定しておき、引き込まれた瞬間に相手の横に移動したり、引き込み際のパスガードを狙っておこう。

流れ

No.07

序盤
開始直後の攻防

組んでくるタイプの相手に対し、組みたくない場合は、クラウチングで様子を見る

相手が組んでくるタイプでアップライトで構えているとき、自分が組み合いたくない場合、あるいは一度組んでみて、組み合うことが不利になると感じた場合は、無理に組む必要はない。クラウチングに構えて、相手の出方を探るのが得策だ。

相手が変わらずアップライトで構えているようなら、タックルを狙ってもいい。逆に、相手が思うように組めず、業を煮やして引き込みにシフトするようであれば、それを利用して上から攻めることもできるようになる。いずれにしても、相手ではなく、自分のペースに持ち込んで、試合を優位に進めることが肝心であり、そうすることによって、相手を混乱させることにもつながる。

Point 1 クラウチングに構えて相手の出方を見る

アップライトで構える相手に対し、組み合いたくないのであれば、相手に合わせてアップライトに構えるのではなく、クラウチングに構えて組ませないようにしよう。

その上で相手の様子を見て、どう出てくるか探ってみるといい。

Point 2 タックルでテイクダウンを狙う

こちらがクラウチングに構えてもなお、相手がアップライトで構えているようであれば、比較的容易にタックルに入ることができる。もし背中などを取られても、足を取りやすい。

テイクダウンを取って上から攻めたいのであれば、タックルを狙ってみよう。

Point 3 相手に勝手に想像させ優位に進める

なかなか組めず、自分のペースで試合が進まないと、しびれを切らせて相手も引き込みに来たりする可能性もある。これはつまり、相手が思う展開ではなく、ペースを乱すことにもつながる。

同時に、相手が引き込めば上から攻められるようにもなる。

アドバイス

クローズドガードにすんなり入らない

ブラジリアン柔術では『ガードの中に入るな』という言葉がある。特にクローズドガードの中に入ってしまうと、相手の足を外すだけでも容易ではないからだ。

しかし、試合を見ていると、まるで吸い込まれるかのように、クローズドガードにすんなりと入ってしまう選手を見かけるのも事実。これがいちばんやってはいけないこと。引き込まれることを想定していなかったり、展開を考えずに試合をしている場合に多いので、常に頭の中に引き込みは想定しておこう。

No.08

序盤
開始直後の攻防

流れ

ファーストコンタクトでサブミッションを極められないよう注意しておく

決して多く見かけるわけではないが、確実にあり得ることとして、ファーストコンタクトの瞬間にサブミッション(関節技・絞め技)を狙っている選手がいる、ということが挙げられる。意表を突かれるため、極まってしまうと瞬時に試合が終わるので注意しておこう。

よくあるのは、組み際に飛びついてきての関節技や絞め技、あるいは引き込んだ(こちらが引き込まれた)瞬間の足関節技だ。また、タックルに行ったとき、ギロチンで絞められてしまう、ということもあり得るので、常に頭の隅に置いておくといいだろう。逆に、自分が組み際のサブミッションを狙っているなら、極まらなかった場合は不利になるというリスクを知っておこう。

Point 1 組み際に飛びついての関節技・絞め技

立った状態のとき、引き込むことばかりに意識を集中させていると、飛びつかれてサブミッションを極められてしまうこともある。

技としては、飛びつき三角絞めや飛びつき腕十字固めが多い。あり得ないことではないと認識しておこう。

Point 2 引き込んだ瞬間の足関節技

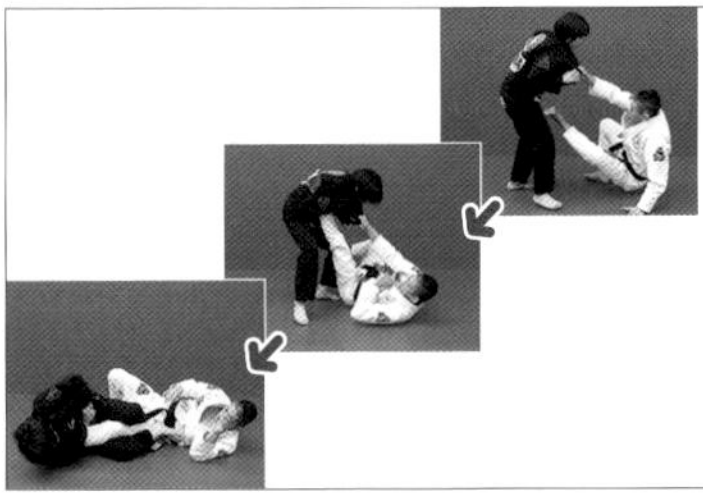

低い姿勢から相手を引き込んだ瞬間は、自分の足が前に残っていることが多く、その瞬間にフットロックなどの足関節技を掛けられてしまうこともあるので注意しよう。

なかなかそこまで意識が回らないかもしれないが、頭の隅に置いておこう。

Point 3 タックルに入った瞬間のギロチン

タックルに行く場合は、前傾姿勢になり頭の位置も低い。

この状態で、カウンターでギロチンチョークなどの絞め技が入ってしまうと、それこそ無防備な状態で絞められることになり、瞬時に試合が終わる可能性が高いので、注意しておく必要がある。

アドバイス

トライフォースでは推奨しない技

ファーストコンタクトで相手が極めにくる危険性について言及したが、トライフォースでは、特に飛びついての関節技や絞め技は推奨していない。決して禁止しているわけではないが、極まらなかった場合、不利な状態で試合を進めなければいけなくなるからだ。

極まれば派手な勝ち方となるが、確率は決して高くはないので、それであれば、しっかりと試合を組み立て、確実に勝利に近づく道を構築していく。結果的に、その方が勝利への近道となるのだと覚えておこう。

流れ

No.09

序盤
リードしたときの攻防

序盤でポイントを奪えたら、より積極的に攻め、相手の情報収集も同時に行う

試合開始早々、ポイントを奪えた場合、残り時間をどう考え、試合を進めていけばいいか、考えたことはないだろうか。

ポイントが奪えたということは、ほとんどの場合、自分が上であり、相手がガードポジションのはず。それであれば、ひとつの考え方として、さらにポイントを積み重ねるために、積極的にパスガードを狙うといい。また、序盤なのであれば、特にまだ相手の特徴を測り切れていないと感じたら、相手の癖や考えていることなどを見極めるために時間を使ってもいい。

残り時間を守り切ろうとするのは、非常に辛く、逆に自分を追い込むことにもなるので注意しよう。無謀な攻めも禁物だ。

Point 1 ポイントを取るためパスガードを狙う

ガードポジションで自分が上にいる場合、よほど足関節技が得意といった場合以外、ポイントを積み重ねるには、基本的にパスガードを狙うことが多いはずだ。
ポイントでリードしているという心理的な優位性もある。積極的にパスガードを狙ってみよう。

Point 2 守りに回ると残り時間が辛い

ブラジリアン柔術に限ったことではないが、残り時間を守り切ろうとするのは、とても辛いこと。防戦一方の状況になる可能性も、非常に高くなる。
ポイントを取られたとしてもイーブンくらいの気持ちで、積極的な気持ちを持ち続けよう。

Point 3 相手のタイプを見極める時間に使う

もし相手が初対戦などで、情報が少ないなら、その優位性を活かして、情報収集する時間に当ててもいい。
たとえば、どちら側からの防御がより得意なのかといったことや、何を考えているのかなど、ゆさぶりをかけて、相手の反応を見てみよう。

アドバイス

セオリー通りに攻め、攻め急がない

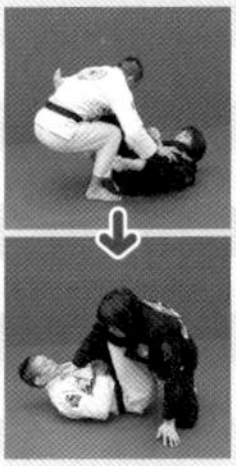

序盤にポイントを奪えた場合は特に、試合が終わってから後悔するような試合の進め方はしたくないもの。たとえばガードポジションで、上から攻めているときに、無謀に足関節技などを狙い、スイープされてしまうといったようなことだ。
優位性があるということは、無理が利くという意味ではない。焦ることなく、じっくりとセオリー通りに攻めていくことができるということだ。

流れ

No.10

序盤
リードされたときの攻防

序盤にポイントを奪われても、焦らずスタミナロスに注意し、ガードポジションを作る

試合では、試合開始早々にポイントを奪われてしまうこともあるだろう。そのとき、試合慣れしていない選手や、重要な試合の場合などは、焦ってしまう気持ちは理解できなくもない。

しかし、焦っても、決していいことはない。むしろ事態は悪化するだけだ。序盤にポイントを奪われたとしても、焦らず、無駄な体力を使ってスタミナを消耗しないよう注意しながら、まずはしっかりとガードポジションを構築することを考えよう。

ガードポジションが構築できれば、嫌な流れを一旦止めることができる。その上で、さらなる失点を重ねず、こちらもポイントを積み重ねていくような攻撃を考えるといい。

Point 1
焦らず落ち着いてポイントを重ねる

いちばんやってはいけないのは、焦ってしまうことだ。焦っても結果は伴わない。

焦るなと言われて、焦らなくなるというものでもないが、失点はなるべく気にせず、平常心を保つよう心がける。その上で、着実にポイントを積み重ねていくことに意識を向けよう。

Point 2
ガードポジションをしっかり作る

相手にポイントを奪われているのであれば、こちらが下になっているはず。であれば、しっかりとした自分のガードポジションを作ることが重要だ。

ガードポジションを作らずして、防御も攻撃も成り立たない。まずは体勢を確立することを考える。

Point 3
相手の流れを止め失点を重ねない

Point2ではガードポジションを作ることを解説したが、失点を重ねない、畳みかけられるのを防ぐ、相手の流れを止める、という意味においても、重要になってくる。

そうしてはじめて、防御やスイープ、サブミッションなどの攻撃が見えてくる。

アドバイス
3原則を守らないと墓穴を掘る結果に

ここでは『焦らず』『ガードポジションを作り』『相手の流れを止める』ことを解説したが、この3原則ができておらず、焦って不十分な体勢から無理に攻撃しようとすれば、逆にカウンターを取られて失点を重ねたり、無駄な体力を使いスタミナをロスするだけだ。それこそ、自ら墓穴を掘るようなもの。

また、ガードポジションが作れたら、相手が攻撃している間はしっかり守り、隙を見せるならサブミッションを狙い、それ以外のときはスイープを狙うことを心がけよう。

流れ

No.11

中盤
イーブンでの攻防

中盤で差がない状況で上から攻める場合は、スイープとサブミッションに注意しながらパスガードを狙う

試合も中盤に差し掛かり、ポイント差がない状況では、相手に無暗にポイントを取られたくないものだ。そこで、こちらが上から攻めている状況なら、まずはスイープを許さないよう注意しておきたい。もちろん、サブミッションしかりだ。

その上で、序盤で収集した相手の情報を活用して、パスガードを狙おう。とは言っても、すんなりとパスガードできるとは限らないので、ハーフガードを一里塚としておくといい。ハーフガードの状態が作れれば、そこから圧力をかけて攻めていくことができる。

ただし、ガードポジションの形に応じた最適なパスガードがある。それらを覚え、間違った選択をしないように注意しよう。

Point 1 サブミッションとスイープに注意

ポイント差がない状況で上から攻めている場合、注意しなければいけないのは、スイープで返されてしまうこと。同時に、サブミッションを極められてしまうことだ。

距離を取ったり相手の技の芽を摘むなどして、未然に防ぐことを考えておこう。

Point 2 収集した情報を活用しパスガードを狙う

試合序盤では、相手の癖などの情報を収集しているはず。中盤に差し掛かってもポイント差がないということは、同じように攻めていても状況は変えられない。

そこで、それらの情報を活用し、相手の弱点を攻めるなどして、パスガードを狙おう。

Point 3 ハーフガードをひとつの目標に

Point2ではパスガードを狙うと解説した。もちろん、一気にパスガードが成功するなら、それに越したことはない。

しかし、試合で奇麗にパスガードが決まるとは限らないので、一里塚としてハーフガードでもいいとし、そこから攻めることも考えよう。

アドバイス

技の選択を間違えない

ひとつの技に対して、最適で効果的な防御法があるように、それぞれのガードポジションに対しても、それぞれ最適で効果的なパスガードがある。

パスガードの際、方法を間違えてしまうとスイープを許すなどしてしまうので、正しい組み合わせの技を覚えておこう。

流れ

No.12
中盤
イーブンでの攻防

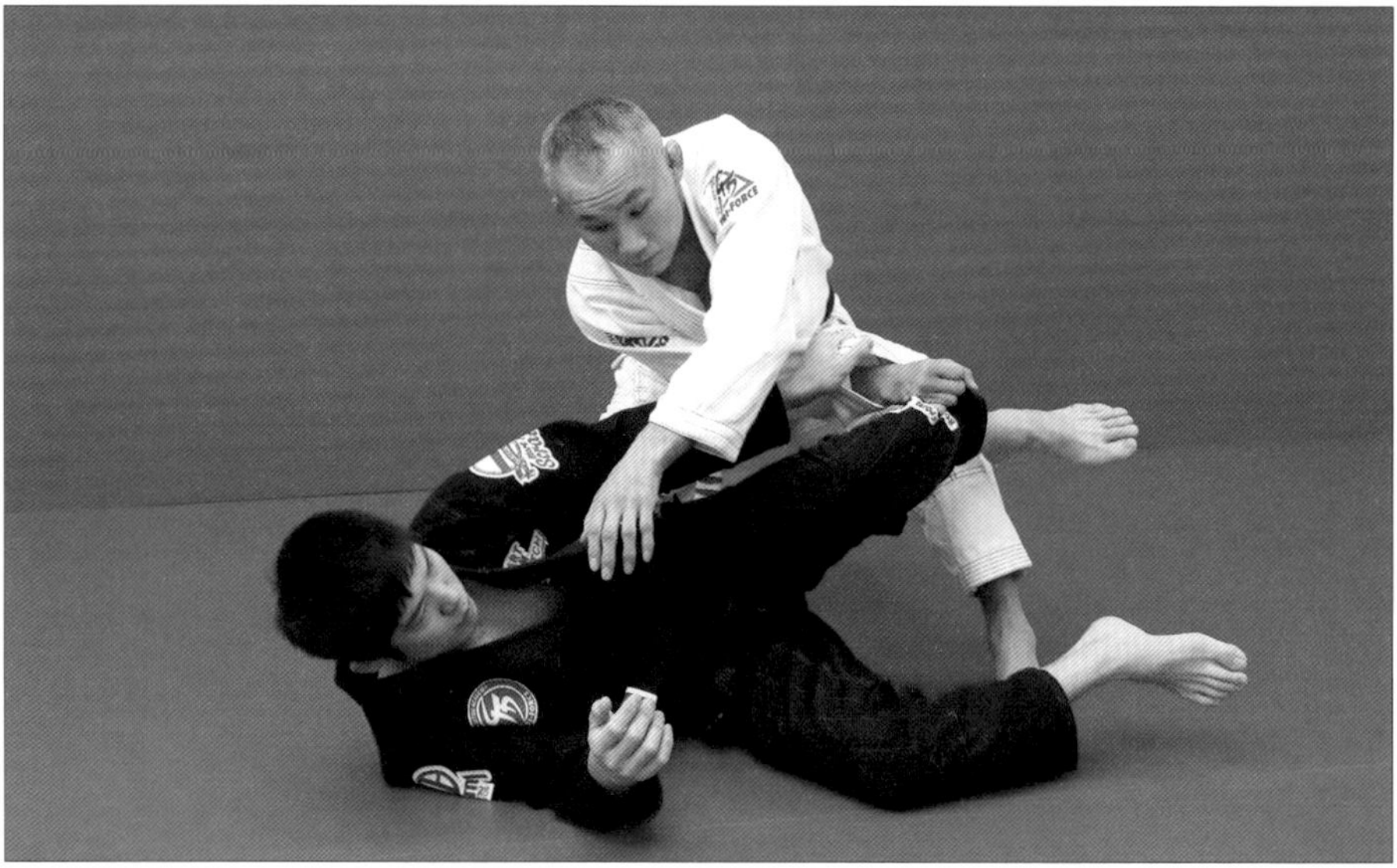

収集した情報を活用し、ディフェンスの空白を突いてパスガードを狙う

No.11に引き続き、ここでは中盤でポイント差がない状況での、上からの攻め方、パスガードを成功させるための具体的な戦術について解説していく。

まずは収集した情報を元に、相手の弱点を突こう。左からのディフェンスの方が右からのディフェンスより得意だと感じたら、逆を突くなどして右から攻めればいい。

一度でパスガードが成功しなくても、何度もチャレンジし相手を動かすことで、ディフェンスの空白を生むことができる。その隙を作らせて逃さず、一気に攻めて相手に食らいつこう。さらに、相手の半歩先を行くような攻めを行うことで、後手にならず先手先手で試合を優位に進められる。

Point 1
癖を利用するなどして相手の逆を突く

序盤で収集した情報を利用し、弱点を突くように攻め、たとえば右からの防御が弱いなら、右からのパスガードを狙うといった具合だ。

また、左に行くと見せかけて右に行くなど、相手の逆を突く、あるいはタイミングをずらす攻め方も意識しておこう。

Point 2
機動力と相手を潰す２つのパスガード

パスガードには、大きく2種類ある。ひとつは機動力を活かして一気に決めるパスガード。もうひとつは、体重を乗せるなどして相手にプレッシャーをかけて潰しながら作っていくパスガードだ。

技の組み合わせ同様、正しい選択をすることが重要だ。

Point 3
ディフェンスの空白を突く

パスガードを何度も試みていると、瞬間的にディフェンスの空白が生まれることがある。

この空白を突くことができれば、それまでなかなか生まれなかった隙を攻めることができるので、一気にチャンスが広がる。空白を見逃さないようにしよう。

アドバイス
相手の半歩先を行き、後手に回らない

中盤での攻防、ましてやイーブンの状態に限ったことではないが、特に上から攻めている状況では、後手に回らないように注意しておきたい。

具体的に言うと、パスガードを狙おうとする際、仮に手順が３つあったとする。１つ目の手順を行う前に防御され芽を摘まれてしまうと、他の方法を選択せざるを得なくなる。

こちらのアクションに対して、相手にリアクションさせる状況、つまり、相手の半歩先を行くような状況を作ることを意識しておこう。

流れ

No.13

中盤
イーブンでの攻防

中盤で差がない状況でガードから攻める場合は、パスガードに注意しながらスイープ等を狙う

No.11では、試合中盤でポイント差がない状況における上からの攻め方について解説したが、ここでは、同じ状況でのガードからの攻め方について解説する。

考え方としては、当然だがNo.11とは真逆になる。まずは相手にパスガードされないよう、ディフェンスに重きを置いて対処することが重要だ。その上で、スイープ、またはチャンスがあれば、それを逃さずサブミッションを狙いたい。ただし、特にサブミッションを狙う場合、極まっていないのに深追いしすぎて体力を消耗することのないよう、注意しておこう。極まっているか否かを判断するには、正しい知識が必要不可欠なので、日々のトレーニングで身につけておきたい。

Point 1 ディフェンスに重きを置きパスガードに注意

ポイント差がない状況でガードになっている場合に、まず注意しなければいけないのは、パスガードを許してしまうこと。

ガードからはスイープかサブミッションを狙うことになるが、そればかりに集中するのではなく、まずはディフェンスに重きを置いておこう。

Point 2 サブミッションとスイープを狙う

ディフェンスを意識しつつも、当然、スイープもしくはサブミッションは狙っておこう。こちらが仕掛けることで相手のミスを誘発することもできる。

身体全体や足を駆使して、一手先をイメージしながら技を重ねていくことが重要だ。

Point 3 深追いのしすぎによる無駄な体力の消耗を防ぐ

特にサブミッションを狙っているとき、極まらない形なのに、全力で極めようとすることがある。

無駄に体力を消耗するだけなので、その形は正しいのか、効果的なのかなどを常にチェックして、無駄だと判断したら、深追いしないことも重要だ。

アドバイス

正しい見極めには正しい知識が必要

Point3で、極まらないと判断した場合は深追いしないと解説した。

この判断基準のひとつに、正しい形であることが挙げられる。つまり、正しい形で技がかけられているか、ということ。この正しい判断を下すためには、当然、正しい形を知らなければならない。日々のトレーニングの中で、技のレパートリーを増やすとともに、正しい形も理解しておこう。

判断材料は、他にも手応えや相手の表情、伝わってくる感覚などもあるので、総合的に判断しよう。

流れ

No.14

中盤
イーブンでの攻防

バランスを取ることで必死になるくらい相手を動かしてミスを誘発させ、技をつないで攻める

No.13に引き続き、ここでは中盤でポイント差がない状況での、より具体的なガードからの攻め方、戦術について解説していく。

まずはポイントを取られないよう、ディフェンスに意識を置くが、その際は後手に回るのではなく、相手がバランスを取るのに必死になるくらいの状況を作ってしまうと、より安心だ。相手の状態や体勢によって、バランスを崩しやすい方向は決まってくるので、知識として身につけておこう。

そしてこちらから仕掛けて相手のミスを誘い、スイープやサブミッションにつなげよう。なお、単発ではなく、1つの技の終わりには、すでに次の技が始まっているという具合に、つなげてかけるのが望ましい。

Point 1 先手先手で攻め、パスガードの芽を摘む

No.13でディフェンスに重きを置くと解説したが、ディフェンスが後手にならないようにしたい。

相手の動作に対応するのではなく、相手がバランスを取るのに必死になるくらい動かす状況を作り、パスガードの予備動作の芽を摘んでしまうのが理想だ。

Point 2 嗅覚を研ぎ澄まし相手のミスを逃さない

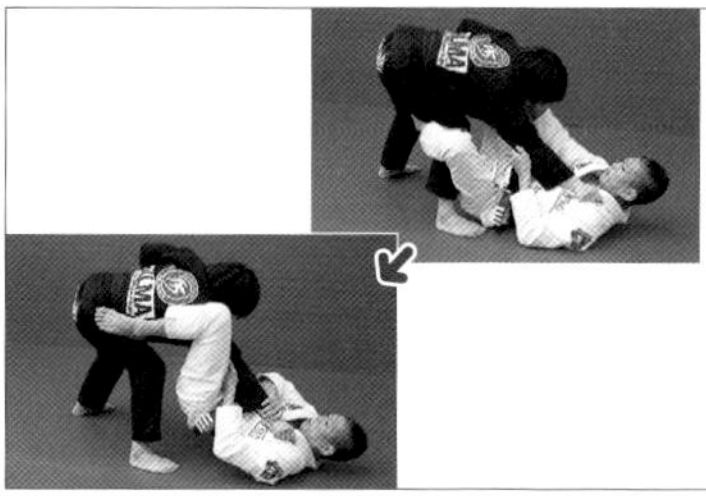

スイープや特にサブミッションを狙うとき、相手のミスを逃さない嗅覚を研ぎ澄ませておこう。

こちらから仕掛けることで、バランスを取ろうとしたり防御するなどしてミスを誘うことができる。その隙、ミスを逃さず突くことが、成功させる近道だ。

Point 3 技の終わりが次の技が始まりと被る

スイープにしてもサブミッションにしても、1つの動作で極まるとは限らない。むしろ、技をつなぐことの方が多いはず。

技をかけ終わってから次の技につなぐのではなく、1つの技が終わる前に、すでに次の技が始まっている、というつなぎ方を目指そう。

アドバイス

身体の構造による相手の崩し方

相手の状態、体勢から、崩しやすい方向を理解しておこう。これは技術というより、人体の構造による特性なので、知っておくと、相手のベースに合う技を選択することで、スイープを狙う際に役立つ。

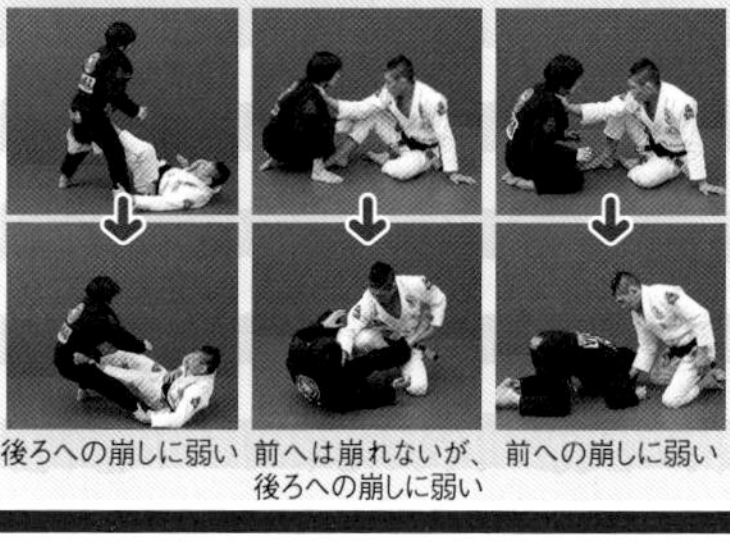

後ろへの崩しに弱い　前へは崩れないが、後ろへの崩しに弱い　前への崩しに弱い

流れ

No.15

中盤
優勢での攻防

アドバンテージ等でリードしている状態でスイープできる状態が作れていれば、あえて返さずに時間を使う

試合が中盤に差し掛かり、お互いポイントを取れていない状態で、アドバンテージあるいはペナルティの僅差でリードしているときは、そのリードはないものとして考えておきたいところ。まだ残り時間があるため、その間、僅差のリードを守ろうとすると、逆に辛くなるだけだからだ。むしろそのリードを活かして、よりアグレッシブにポイントを取りに行く方がいい。

ただし、僅差のリードでスイープできるような状態をセットアップできているのであれば、あえて返さず、その状態をキープするというのも、ひとつの方法だ。そのまま時間を使い、残り時間がわずかになったときにスイープすれば勝敗を決定づけられる。

Point 1 リードはないものとして、意識せず試合を進める

試合の中盤に差し掛かり、ポイントではなくアドバンテージあるいはペナルティでリードしている場合は、そのリードを守ろうとするのは難しい。

リードしているという意識を持たず、イーブンの状態と認識して試合を進めよう。

Point 2 ポイントを重ねる攻めを続ける

イーブンの状態で試合を進める意識を持つということは、すなわち、ポイントを取り、積み重ねることを考える、ということでもある。

また、そのリードを前向きに捉え、無理をするのではなく、より積極的に攻める意識も同時に持っておこう。

Point 3 スイープできる状態を作りキープしておく

こちらがガードポジションで、スイープでポイントを取れる状態がセットアップできているなら、あえてスイープせず、その状態をキープしたままで時間を使うことを考えてもいい。

残り時間がわずかになってからポイントを取れれば、勝敗を決定づけられる。

アドバイス

終盤でこそ価値が出る僅差のリード

Point3では、こちらがスイープできる状態を作れているなら、その状態のままで時間を使ってもいいと解説した。これは、当然だが、アドバンテージあるいはペナルティによるリードがあるという精神的な余裕によるところが大きい。

終盤、スイープしようと試みたとき、仮に相手に粘られて返せなかったとしても、試合には勝てる可能性が極めて高いからだ。アドバンテージなどによるリードは、中盤ではあまり意味をなさない。終盤に差し掛かってこそ、価値が出てくる。

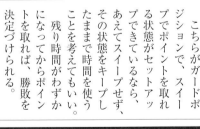

流れ

No.16

中盤
優勢での攻防

僅差のリードなら、消極的なストーリングのペナルティを受けないよう注意しておく

No.15では、僅差のリードで中盤に差し掛かった場合の試合の進め方について解説したが、ここでは同じ状況下で注意しておかなければいけない事項について触れておく。

ポイント差がなく僅差だと、試合そのものが膠着している可能性が高い。このような状況では、消極的と判断されたときに出されるストーリングのペナルティを受けないように注意しておこう。ペナルティはふとしたことでも受ける可能性があるので、意識して防げるのであれば、防いでおきたい。特に自分が上から攻めているときは注意が必要だ。また、セコンドの声にも耳を傾けておくと、状況を客観的に知ることができるので覚えておこう。

Point 1 ストーリングのペナルティに注意

消極的とみなされたときに出されるストーリングのペナルティを受けないよう、注意しておこう。

ペナルティは指が相手の裾に入ってしまったなど、ふとしたことで受ける可能性もある。避けられるペナルティは、受けないに越したことはない。

Point 2 ハーフガード時はペナルティを受けがち

ストーリングのペナルティは、ハーフガードで相手を上から固めたときなど、受ける可能性が高い。パスガードを試みているように見せるなどの配慮も必要だ。

見せる動きと本気の攻撃を織り交ぜることで、相手に対するプレッシャーにもつながる。

Point 3 セコンドの声にも耳を傾けておく

セコンドが、ストーリングのペナルティが出そうか察することもある。セコンドの声にも耳を傾けておこう。

同様に、自らを俯瞰して見るような意識も持っておくといい。その際は、ペナルティを受ける前に、技を変えるなどの対処が必要だ。

アドバイス

守ろうとするのは負けの気持ちと同義

本書では再三触れているが、ブラジリアン柔術の試合において序盤のポイントを守り切ろうとするのは、非常に辛く難しいことであると言える。ポイント以下のアドバンテージなど、僅差であればなおさらだ。よほど残り時間が少ない状況でないなら、守ろうとせずに攻める姿勢が大切だと意識しておこう。

また、守ろうという気持ちになると、気持ちで負けてしまうことにもつながる。そのような気持ちは相手に伝わってしまうもので、相手を勢いづかせてしまうことにもつながる。

No.17

中盤
優勢での攻防

流れ

2ポイント差のリードで中盤に差し掛かったら、カウンター技あるいはミスを誘発させてポイントを重ねる

試合中盤で2ポイント差でリードしている状況であれば、相手はいよいよ攻めに出てこざるを得なくなる。当然だが、限られた残り時間の中でポイントを取らなければ負けてしまうからだ。

そこで、その心理を逆手に取り、さらにポイントを重ねるよう、自らの考え方をシフトしよう。つまり、こちらから攻めるというよりは、カウンター系の技を駆使する、あるいは相手のミスを誘発するような攻めでポイントを重ねることを考える、ということだ。

ただし、2ポイント差は簡単に追いつかれる点差でもある。であれば、追い付かれることを恐れるのではなく、さらにリードを広げるという意識でさらに攻めていくことが重要だ。

Point 1 カウンター系の技でポイントを狙う

中盤に差し掛かった段階で2ポイント差でリードすると、相手はいよいよ攻めに出てこざるを得なくなる。

そのため、相手が出てくる状況を利用し、こちらから攻めるというよりは、カウンター系の技でポイントを重ねることを考えよう。

Point 2 相手のミスを利用した技もかけやすい

No.14では、相手のミスを誘発させて技をかけると解説したが、この場合でも、相手が攻めざるを得ないという心理を利用し、ミスを誘発するように仕向けるといい。

餌を撒いておびき寄せ、その瞬間を逃さずにポイントを重ねよう。

Point 3 すぐに追いつかれる差でもある

2点差というのは非常に微妙なもので、すぐに追いつかれてしまう可能性のある点差でもある。

そのため、追い付かれることを恐れるのではなく、さらにポイントを重ね、3ポイント差以上にリードを広げることを考えて、さらに攻めることが重要だ。

アドバイス

カウンターを狙う場合技の弱点を認識する

カウンター系の技を狙う場合は、相手が掛けようとしている技の弱点を認識しておくことが重要だ。

たとえばアームドラッグで右手を引かれた場合、相手に腕だけを引かせつつ、同じタイミングで自分の胴体を相手の左側に飛ばせば、簡単に回避できる。その準備を整えつつ、右手をわざと相手の目の前に差し出せばいい。

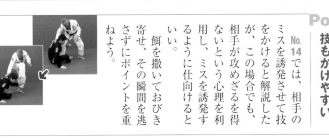

No. 18

中盤
優勢での攻防

流れ

中盤で3ポイント差以上のリードなら、余裕を持って攻めてサブミッションやマウントを狙う

試合中盤で3ポイント差でリードしている状況であれば、攻め急ぐ必要はまったくない。仮にスイープを許したとしても、追い付かれない点差なので、余裕を持ってじっくり攻めよう。

3ポイントを奪ったのなら、サイドコントロールの状態になっていることが多いはず。それであれば、じっくりと攻め立ててサブミッションやマウントポジションを狙ってみてもいい。あるいは相手に背を向けて逃げるように仕向けておき、バックコントロールで攻めてもいい。

この状態のとき、絶対に避けなければいけないのは、ポジションをキープできず、ガードポジションに戻られてしまうこと。ポジションキープが最優先事項だ。

Point 1 すぐには追いつけない点差 余裕を持って攻める

3ポイント差というのは、非常に大きな点差と言える。仮にスイープを許しても追い付けない点差だからだ。

そのことを意識しておけば、精神的な余裕を持ち、ストーリングのペナルティなどを必要以上に気にすることなく、じっくりと攻められる。

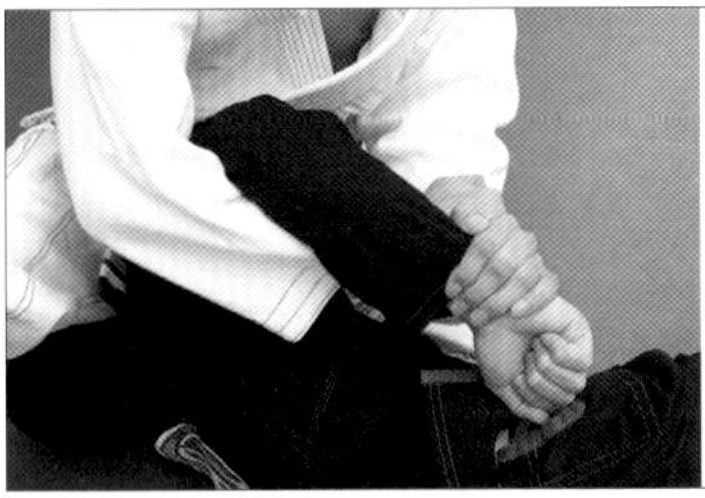

Point 2 サブミッションやマウントを狙う

余裕を持って攻められるということは、サブミッションやマウントポジションを狙う状況ということもできる。

プレッシャーを与えて相手にミスを誘発させるよう仕向け、サブミッションやマウントポジションに持ち込むことにチャレンジしてみよう。

Point 3 背を向けて逃げるよう仕向ける

3ポイントを取るような状況であれば、サイドコントロールの状態でいることが多いはずだ。

Point2の攻め方以外にも、相手に背を向けて逃げるよう仕向ければ、バックコントロールの状態を作り出すことも可能なので、得意なパターンで攻めよう。

アドバイス

ポジションはキープし、ガードポジションに戻させない

3ポイント以上の差があるなら、ポイントを重ねることよりも、余裕を持ってじっくり攻めればいい。このような状態のとき、いちばんやってはいけないこと。それは、相手にガードポジションに戻られてしまうことだ。

攻め急ぐ必要はまったくない。まずはポジションをキープすることを第一に考え、余裕を持ちながらじっくりとプレッシャーをかけて攻めていこう。

流れ

No.19

中盤
劣勢での攻防

中盤に差し掛かり ペナルティ数で差を付けられた場合は、受けた数でその後の展開を考える

試合が中盤に差し掛かり、まったくポイント差がない状況で、こちらがペナルティを犯してしまうという状況は、よくある。そのようなとき、その後の試合展開をどう考えていけばいいのだろうか。

ポイントになってくるのは、受けているペナルティの数だ。1つめのペナルティであれば、気に留める必要はなく、それまで同様に、落ち着いて試合を進めていけばいい。しかし、複数のペナルティを受けてしまっている場合は、その数によってまったく状況が変わるので、常にペナルティの数を頭に入れて試合を進めなければいけない。

やってしまいがちなペナルティの数々を、頭の隅に置いておきたい。

Point 1

1ペナルティ差なら気にせず試合を進める

たとえば袖口などに指を入れてしまうペナルティなど、無意識に犯してしまう場合もある。

試合の中盤であれば、残り時間はまだある。1ペナルティ程度であれば、それほど意識する必要はないので、それまで通り、落ち着いて試合を進めていこう。

Point 2

2ペナルティならアドバンテージを与えてしまう

2ペナルティを受けてしまうということは、ペナルティ数はもちろんだが、相手にアドバンテージが入ってしまう。

2つで抑えておけばアドバンテージで済むが、もう一度ペナルティを受けてしまうと2ポイント与えることになるので、注意しておこう。

Point 3

3ペナルティなら反則負けを意識する

3ペナルティを受けた場合、相手に2ポイントを与えてしまっている。さらに、意識しておかなければいけないのは、もう一度ペナルティを受けると反則負けになってしまうこと。

大差で勝っていてもその瞬間に負けてしまうので、細心の注意を払っておこう。

アドバイス

やってしまいがちな4種類のペナルティ

ここでは試合でよく見かけるペナルティを紹介しておく。不用意にペナルティを受けないよう、ありがちなペナルティを再認識しておこう。

逃避行為

ストーリング

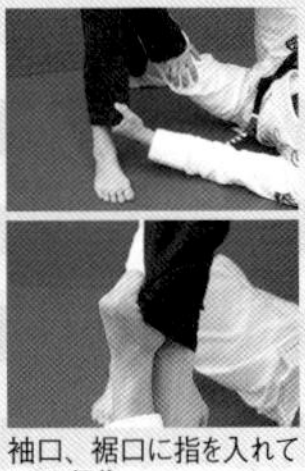

袖口、裾口に指を入れてしまう行為

引き込む際、道着を持たずに尻を着く行為

No.20

中盤
劣勢での攻防

流れ

中盤で僅差でリードされている場合は、焦らず相手の攻撃をしのぎ、攻撃のチャンスをうかがう

試合が中盤に差し掛かったときに、アドバンテージやペナルティで相手にリードされている場合、まだ焦る時間帯ではないので、無理にポイントやアドバンテージを取り返そうとする必要はない。もしその差がアドバンテージなら、その試合は相手に押され気味である可能性が高いので、まずはポイントを取られないよう、攻撃をしのぐことに注力しよう。ポイントを取られてしまうと、より状況は厳しくなる。さらに、１ペナルティを受けている場合は、２ペナルティにならないよう注意しておこう。

相手の攻撃をしのぎながらチャンスをうかがい、隙を逃さずポイントやアドバンテージを取りに行くことを考えよう。

Point 1 リスクを負う攻撃をする時間帯ではない

中盤という時間帯を考えたとき、余程の大差がついているのでないなら、まだリスクを負って攻撃を仕掛ける時間帯ではないと理解しておこう。

焦りは墓穴を掘るだけだ。まだ時間をかけて技をセットアップしていける時間的な余裕はある。

Point 2 ポイントを奪われないよう、相手の攻撃をしのぐ

ペナルティはともかく、もしアドバンテージでリードされているなら、試合全体が押され気味である可能性は高い。

それであれば、まずは相手の攻撃をしのぎ、ポイントを取られないことに注力しよう。ポイントを取られてしまうと、その後の展開が辛い。

Point 3 チャンスをうかがい攻撃を仕掛ける

相手の攻撃をしのぎながらチャンスをうかがい、隙ができるようなら、そのタイミングを逃さず攻撃を仕掛けよう。

ひとつの戦術として、サブミッションを仕掛けながらポイントやアドバンテージを取りにいく具体的な方法を次のNo.21で解説する。

アドバイス

1つのペナルティならそれ以上にはしない

No.19でも触れたが、もしこちらが1つのペナルティを受けてリードされているのだとしたら、相手の攻撃をしのぎながらも、ペナルティをもう1つ受けないよう注意しておかなければいけない。2ペナルティになると、相手にはアドバンテージが入り、さらに状況が悪くなるからだ。

そのような意味も込め、展開を焦ってしまうのは厳禁だ。焦りや無理な攻撃は、袖口への指入れなどを無意識のうちに誘発する。落ち着いてじっくりと隙をうかがおう。

流れ

No.21
中盤
劣勢での攻防

中盤で僅差でリードされているなら、サブミッションを仕掛けてポイントやアドバンテージを狙う

No.19、No.20では試合が中盤に差し掛かったときにポイント以外の部分でリードを許した場合の考え方を解説した。それでは、具体的に、どのような戦術を用いて試合を組み立てていけばいいのだろうか。

サブミッションは仕掛けることによって、仮にその技が極まらなかったとしても、相手にはプレッシャーを掛けることができる。そのプレッシャーを与えることで、相手の隙を生み、スイープなどが可能になる。さらには、相手がそのスイープを防ごうとした結果、アドバンテージがもらえるなど、連続した構成の技を次々と仕掛けることで、ポイントやアドバンテージを狙う。このような発想も、ひとつの戦術だ。

Point 1 安易にペナルティを受けないよう注意

中盤での僅差なら、まだ焦る必要はない。ただし、安易にペナルティを受けてしまうと、相手をさらに優位にしてしまうので、注意しておこう。

焦ってしまうと、袖口に指を入れてしまう行為や、引き込む際に道着を持たずに尻を着いてしまう行為を犯しやすい。

Point 2 コンビネーションでサブミッションを狙う

サブミッションを仕掛け、相手にプレッシャーをかけていこう。サブミッション単発ではなく、ガードからならスイープ、上からならパスガードとのコンビネーションであれば、なおさら効果的だ。

サブミッションが極まれば、その瞬間に試合が終わる。

Point 3 完璧を追求せず圧を掛けてポイントを取る

サブミッションを狙う際は、完璧を追求する必要はない。

もちろん、極まるに越したことはないが、相手に圧を掛けてサブミッションを防ぐことによる隙を突いてのスイープや、スイープを防がれたとしてもアドバンテージを取るなど、構成を考えて攻めよう。

アドバイス

審判の傾向はペナルティに表れる

No.19のアドバイスでは、試合中にやってしまいがちなペナルティを4種類紹介したが、実は審判によって判断基準は違っていることもしばしば。審判の癖や傾向というのは、このペナルティを取るか取らないか、という部分に顕著に表れるものなのだ。

No.53では、審判の癖や傾向を見極める方法や視点などについて解説している。試合で勝つには審判を味方につけることも重要な要素であることは間違いない。情報を収集し、うまく活用して勝利に結び付けよう。

流れ

No.22
中盤
劣勢での攻防

2ポイント差でリードされているなら、隙を見せ相手に来させてポイントを取ることを考える

試合中盤で2ポイントリードされている状況では、まだそれほど焦る必要はない。相手にしても、その2ポイントリードを守り切ろうとするには、時間が長すぎる。

ポイントでリードされている状況であれば、相手が上から攻めていることが多いはずなので、相手が出て来ざるを得ない状態を作ることを考えよう。あえてガードを一部空けるなど、隙を作り、相手が隙を攻めて来るなら、その動きを利用して返すなどの攻めに転じる。攻めて来ないなら、ストーリングのペナルティを受けさせるように仕向ければいい。

焦りによる強引な攻めは禁物。強引になると、体力も無駄に消費する。

Point 1 あえて隙を見せ相手に来させる

中盤であれば、まだ試合時間は残っているため、そのまま試合を終わらせるには無理がある。

リードされているということは、相手が上から攻めていることが多いはずなので、ガードを完璧にせず、あえて隙を見せるなどして、相手に来させよう。

Point 2 相手が出て来たらその動きを利用する

出て来ない相手を動かすのは大変だが、相手が出て来るようであれば、その動きや重心の移動などを利用して、スイープを狙うなど、攻めに転じよう。

終盤になると逃げきられる可能性も出てくるので、タイミングを逃さないことが重要だ。

Point 3 相手が出て来なければペナルティを受ける

こちらが積極的に攻めてしまうと、相手は防御することで攻防が生まれてしまい、ストーリングのペナルティが出にくくなる。

攻めて来ざるを得ない状況を作ることで、罠を張ると同時に、ペナルティを受けさせやすい状況を作ることもできる。

アドバイス 返し終わった後の状況を考えておく

ポイントを取り返したい心理が働き、強引に相手を返そうとする選手がいる。しかし、相手を返してポイントを取ったとしても、上になったときの体勢やポジションは不十分なことが多く、すぐに返されてポイントをさらに取られてしまったりするものだ。しかも、強引であればあるほど無駄な力を使うため、終盤に響いてくる。

返した後、どういったポジションが取れるかというのが大切になるので、そのことを考え、無駄な動きになりそうであれば、実行しない決断も必要だ。

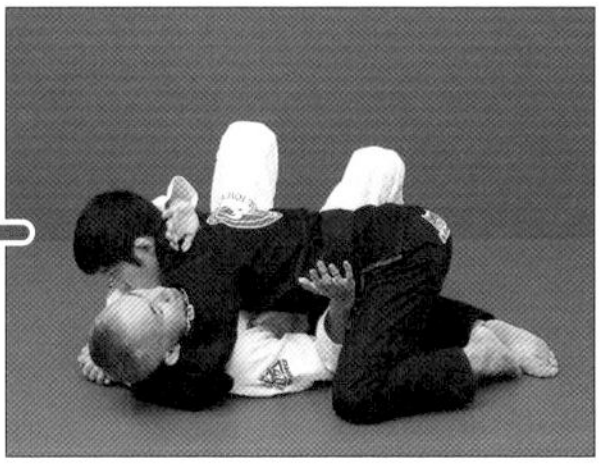

流れ

No.23

中盤
劣勢での攻防

中盤で3ポイント以上離されても、ガードポジションに戻してポイントを積み重ねていく

中盤で3ポイント以上リードされている状況であれば、パスガードを許しサイドポジションを許していたり、マウントポジションを取られていることが多いはず。3ポイント以上のリードを許してしまうと、一気に追いつくことや一気の逆転が可能になる3、4ポイントの技やサブミッションなどを考えることがあるかもしれない。

しかし、実際には、一気に追いついたり、ましてや逆転するのは容易ではない。それよりも、時間はまだあるので、2ポイントを積み重ねることを考えよう。そのためには、まずはガードポジションに戻すことが重要だ。ここでは、それぞれの状態からの対処法を紹介していく。

Point 1 サイドを取られている場合の対処法

相手にサイドを取られているサイドコントロールでは、その状態から返して上下を入れ替えることができれば、こちらがサイドコントロールを取ることができる。

そこからマウントポジションが取られれば4ポイント奪える。サブミッションも狙いやすいポジション。

Point 2 マウントを取られている場合の対処法

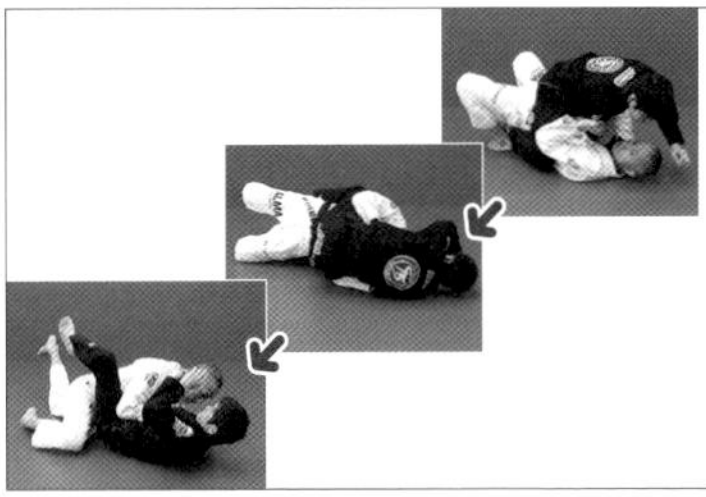

マウントポジションからブリッジなどで一気に相手を返した場合、上下を入れ替えることができたとしても、相手のクローズドガードの中に入ることになる。

この状態でガードから抜け出すには時間がかかるため、ポイントを取りに行くのは厳しい。

Point 3 バックを取られている場合の対処法

相手に背後を取られ、自分の身体を両手で支えるような状態では、何もできない。

反転して自分を上にしてから、自らの体重を相手に預けて圧力をかけ、両手を使えるようにする。この状態を作ってから、ハーフガードの状態に持っていこう。

アドバイス

一気の逆転ではなくガードに戻してから

Point1から3で、それぞれのポジション別の対処法を解説したが、どのポジションであっても、単に返しただけではポイントにはならない。

また、どのポジションであったとしても、一気に逆転を狙う4ポイントの技や、サブミッションを狙うのではなく、ガードポジションに戻して2ポイントを重ねていく意識を持っておくことが重要だ。特にマウントポジションでは、一気に返してしまうと、逆にその後の展開で自分を苦しめることになるので注意しておこう。

No.24

終盤
イーブンでの攻防

流れ

ポイント差がない状況で立ち再開になったら、リセットしテイクダウンやアドバンテージを狙う

試合も終盤に差し掛かり、残り時間が少なくなった状況でポイント差がない場合は、ポイントはもちろん、1つのアドバンテージ、ペナルティが勝敗を大きく左右する。このような状態で、たとえば場外に出てしまうなど、立った状態から試合が再開されるようであれば、それまでの戦い方を鑑みて、戦局を変えてみるといい。ポイント差がないということは、一進一退の攻防が続いている可能性が非常に高いと考えられるからだ。

またテイクダウンによる2ポイント奪取やダブルガードプルポジションから先に立ってアドバンテージを取るなどの戦術も必要になるが、これは表裏一体でもあり、相手との駆け引きが重要だ。

Point 1 上下を入れ替えてリセットする

それまでの戦い方を考え、上から攻めあぐねていた、あるいは下で防戦一方だったなどの場合、労せずして戦局を一気に変えられるタイミングであることを意識しておこう。

下からがダメなら上から、またその逆も然りで、アタックしてみよう。

Point 2 テイクダウンによるポイント奪取が勝負

このような状態で勝敗のポイントのひとつになるのが、テイクダウンだ。

タックルや投げによるテイクダウンもそうだが、特に引き込み際に足に触れるテイクダウンは、お互いが狙いたいところなので、細心の注意を払っておかなければいけない。

Point 3 ダブルガードプルから先に立ちあがる

お互いが引き込み合ってダブルガードプルポジションになる可能性もある。

このような場合、さらに引き込み合って攻めようとするのではなく、先に立ちあがってしまい、アドバンテージを取ることを考えてもいい。残り時間次第では、決定打にもなり得る。

アドバイス 集中力を切らさず気持ちをリセット

終盤であれば、疲労も蓄積されているはずだ。このような状態で試合が止まると、集中力が途切れがちになるものだが、試合に勝ちたければ、集中力を切らさず保ち続けよう。そのためには、相手から目を離さないなどを意識的に行ってみるといい。

その上で、気持ちをリセットし、再開される状況に集中しなければいけない。特に自分が効果的な攻めを行っていた自覚があるときなどは、なおさら切り替えが難しいものだが、引きずっても意味はないと心しておこう。

No.25

終盤
イーブンでの攻防

終盤でポイント差がない場合は、レフリー判定を意識した攻撃を行う

残り時間がわずかな状況でイーブンなのであれば、その相手から短時間でポイントを取ったりアドバンテージを取ったりするのは難しいといわざるを得ない。そのようなときは、審判の判定を意識した試合運びをする必要もある。

それまでの戦況を客観的に分析し、判定に有利なのか不利なのかを考え、残り時間を戦わなければいけない。有利ならペナルティを受けないよう注意しながら積極的に攻める姿勢を見せる。このとき、無理にポイントを取りに行く必要はない。同等、あるいは不利と判断したら、審判の心証を変えるような積極性を見せるとともに、最後まで諦めずにポイントを奪う姿勢を見せる必要がある。どちらの場合も、しっかりアピールしていこう。

Point 1
それまでの戦況を客観的に分析する

それまで戦ってきた結果がイーブンなのであれば、残りの少ない時間でポイント等を奪うのは難しいはず。そこで、審判の判定を意識し、それまでの戦況を冷静に分析してみよう。

有利と映るか不利と映るかによって、残り時間の戦い方を考える必要がある。

Point 2
有利だと判断したら積極性を見せる

確実に有利だと判断できるようなら、不要なペナルティを犯さないよう注意しながら、攻める姿勢を見せておこう。

無理な攻めでポイントを取りに行く必要もないが、攻める姿勢を見せておかないと、最後の最後でストーリングのペナルティを受けてしまう可能性も出てくる。

Point 3
不利だと判断したら大きなアクションで

同等、あるいは不利だと判断した場合は、より積極性を見せる必要がある。最後まで攻める姿勢を持ち続け、大きなアクションで攻めていると、審判にアピールしていくことが重要だ。

印象というのは、終盤になるほど強く残るので、審判への心証もよくなる可能性が極めて高い。

アドバイス
攻撃は表情に出して防御は表情に出さず

Point3では、大きなアクションでアピールすると解説したが、これはあくまで攻めている場合のことだ。攻撃の際は、あえて表情などに出し、審判に対して攻めていると強く印象付ける必要があるからだ。

しかし、防御する側になった場合は、逆に表情に出さないよう注意しなければならない。たとえば、サブミッションを極められそうになった場合など、苦しい顔をしてしまうと、技が効いていると自らアピールするようなものだ。反対に、表情をまったく変えなければ、審判に技が効いていないと思ってもらえる。こういった駆け引きも、試合の残り時間が少なくなればなるほど、必要になってくる。

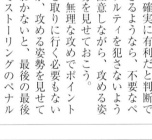

No.26

終盤
優勢での攻防

終盤で僅差リードなら、ペナルティを受けないよう注意しながら、攻撃を利用した守りに徹する

残り時間が少なくなり、リードしている場合は、そのまま逃げ切りたいと思うものだが、そのリードがポイントではなく、アドバンテージやペナルティなどの僅差の場合は注意が必要だ。ポイント差であれば、防御を固めて仮にストーリングのペナルティを受けたとしても、逃げ切って勝てる可能性は極めて高い。しかし、1ペナルティ差だったとしたら、同様に防御を固めた結果、ペナルティを受けてしまうと、その瞬間に並ばれてしまうからだ。

そこで、ポイント以外での僅差リードで終盤を迎えた際は、守備をするにしても、単に攻撃を防ぐのではなく、こちらからの攻撃を利用した防御に徹しよう。もちろん、無理にポイントを取りに行くような攻撃である必要はない。

Point 1

守りを怠らずリード死守に徹する

それまで戦ってきてアドバンテージやペナルティなど僅差でのリードであれば、相手との力量に大差はないはず。であれば、残り時間でポイントを取るのは現実的に難しいと言わざるを得ない。
それであれば、ポイントを取ることよりもリードを死守することに徹した方が現実的だ。

Point 2

攻撃を利用した守備をおこなう

Point1では守備に徹すると解説したが、守り方には工夫が必要だ。つまり、防御に徹してしまうのではなく、こちらの攻めを利用して、相手に攻めさせないような守備をする必要がある。
ポイントを取るための攻めである必要はない。相手の攻撃を封じる攻めをおこなおう。

Point 3

ストーリングのペナルティに注意

攻撃を利用した守備は効果的だが、相手も必死なので、必ずしも攻め続けられるとは限らない。
相手が攻めてきたとき、瞬間的に逃避行為をしてしまったりすることのないよう注意しておこう。ペナルティを受けたり、アドバンテージを取られ、並ばれたり逆転される可能性も出てくる。

アドバイス

並ばれると判定で不利になる

Point3では、ペナルティやアドバンテージで並ばれないよう注意することが大切だと解説した。仮に最後の最後で相手が攻勢を掛けてきて、ペナルティを受けたりアドバンテージを取られたりして、並ばれたとする。そのまま試合が終われば審判の判定となるわけだが、最後に攻勢を掛けた相手の方が、心証が上回っているのは火を見るより明らかだ。
つまり、最後の最後で並ばれてしまうと、勝てたものが勝てなくなるだけでなく、判定でも不利な状況を自ら作ることになってしまうわけだ。同じ守備をするにしても、防戦一方になるような防御ではなく、仕掛けていくような防御を心がけよう。

流れ

No.27

終盤
優勢での攻防

終盤、2ポイント差でリードしているなら、守備に徹して試合を終わらせる

残り時間が少ない状態で2ポイント差でリードしているなら、そのまま逃げ切ることを考えてもいい。こちらが上から攻めているなら、相手にスイープを許すことだけは注意して、手堅い守りに徹しておけばいい。受けているペナルティ数が1つ以下なら、守備に徹した結果、仮にストーリングのペナルティを受けたとしても勝敗には影響しないので、心配もいらない。

ただし、すでに2ペナルティを受けている場合は、次にペナルティを犯した瞬間、ポイントで並ばれるので、注意が必要だ。ポイントでリードしていたとしても、その差が2ポイントの場合は、常にペナルティの数を頭の中に入れて試合を進めなければいけない。

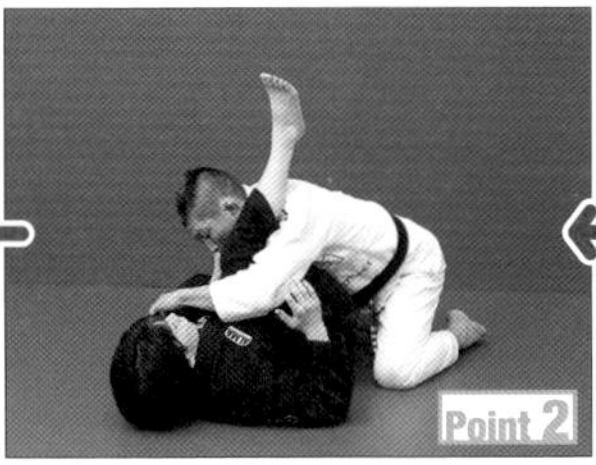

Point 1 逃げ切ることを考えておく

残り時間が少ない状況で2ポイント差でリードしているなら、無理にポイントを重ねる必要もない。逆に無理な攻めは相手に隙を見せることにもつながる。

そこで、そのまま逃げ切って試合を終わらせることを考えよう。ペナルティを受けても余裕はある。

Point 2 スイープに注意し手堅い守りに徹する

2ポイント差でリードしているなら、上から攻めている状況が多いはずだ。であれば、相手にスイープを許さないよう注意しておこう。瞬時に追いつかれる。

ストーリングのペナルティを受けても大丈夫なので、心に余裕を持って手堅い守りに徹しよう。

Point 3 2ペナルティまでは気にする必要はない

ペナルティを受けていない、あるいはペナルティの数が1であるなら、終盤であれば気にする必要はない。

2ペナルティまでなら、そのまま試合を終わらせられるはずなので、もう一度、ペナルティを受けても余裕を持って試合に集中できる。

アドバイス

2ペナルティのときは注意しておく

Point3では、2ペナルティまでは余裕があると解説したが、すでに2ペナルティを受けている場合は、少し話が違ってくる。

つまり、2ペナルティを受けている状態で次にペナルティを受けてしまうと、その瞬間、相手には2ポイントが与えられてしまうからだ。さらには、3ペナルティになってしまうと、次にペナルティを犯した瞬間、反則負けになるというプレッシャーがのしかかってくる。ポイントでリードしていても、ペナルティの数は頭の中に入れておこう。

流れ

No.28

終盤
優勢での攻防

3ポイント以上の大差でリードなら、サブミッションを狙うか、以降の試合を考え体力温存に努める

3ポイント以上の大差でリードし、残り時間が短いのであれば、ぜひサブミッションを狙ってみてほしい。極まれば非常にモチベーションが上がる。それ以外にも、相手に対して苦手意識を植え付けることができ、次に対戦する場合など、精神的に優位に立てる。また、その大会で以降に対戦する選手に対して、手ごわい相手だと思わせることができるため、プレッシャーを与えることにもつながる。

ただし、相手にしても一発逆転でサブミッションを狙っている可能性があるので、注意しておこう。また、ガードポジションなど有利な状態が作れたなら、それをキープして体力温存に努めれば、以降の試合にも好影響を及ぼせる。

Point 1 サブミッションを狙ってみる

3ポイント以上の大差で勝っているなら、残り時間を使ってサブミッションを狙ってみよう。

極まれば自分のモチベーションも高まり、次の試合につながる。また、極まれば以降に対戦する選手たちに対してプレッシャーを与えることもできる。

Point 2 相手のサブミッションに注意しておく

大差でリードされて、残り時間がなければ、相手は一発逆転のサブミッションを狙ってくることも考えられる。

そこで、寝技での足関節系の技、あるいはスタンディングであれば、飛びついてのサブミッションについては警戒しておこう。

Point 3 有利なポジションをキープしておく

次の試合を考えると、無駄に体力を消費したくないもの。大差でリードできたなら、ガードポジションなど、こちらが有利な状況になった段階で、その状況をなるべくキープして、体力温存に努めよう。

大会全体をマネジメントする能力も必要だ。

アドバイス

マウント、バックは攻めなくてもいい

大差でリードするような状況であれば、相手との実力差は明白であることが考えられる。そう考えると、マウントポジションやバックコントロールを取っている可能性も高いと言えるだろう。

このマウントポジションやバックコントロールでは、その状態から仮に攻めなかったとしても、ルール上、ストーリングのペナルティを受けずに済む。大会全体で考えたとき、無駄に体力を浪費したくないので、もしこの状態が作れたなら、そのまま時間が経過するのを待ってもいい。

No.29
終盤
劣勢での攻防

流れ

僅差でリードされているなら、ガードからはシンプルな技で手数を、上からはアドバンテージ狙いで攻める

残り時間が少ない状況で、アドバンテージやペナルティなどの僅差でリードを許している場合、ガードから攻めているのか上から攻めているのかによって、逆転するためのアプローチは違ってくる。

ガードから攻めているのであれば、セットアップに時間がかかる技は適さない。そのため、手順を要さないシンプルな技を用いて、何度もアタックしてみることが重要だ。

上から攻めているのであれば、ポイントを取りに行くのは、残り時間を考えると難しいので、アドバンテージ狙いに切り替えた方が現実的だ。また、相手にペナルティを誘発するよう仕向けることも考えておくといい。

Point 1 ガードからは手数をかけずシンプルな技で攻める

残り時間が少ないことを考えると、手数や手順を要する技は適さない。

そこで、ガードから攻めるのであれば、シンプルに攻められる技を選ぼう。そして、数多く技をかけていくことが重要だ。可能な限りポイントを取りに行き、土壇場での逆転を狙おう。

Point 2 上からはポイントでなくアドバンテージを狙う

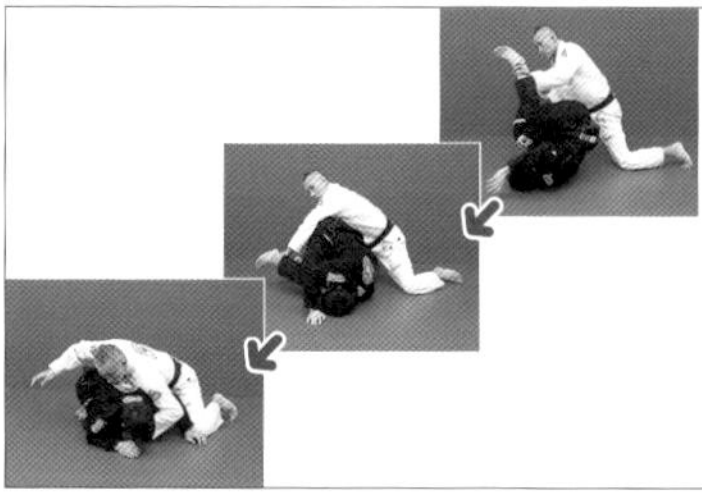

上になっているなら、ポイントを取りに行くのは難しい。そこで、無理に逆転を狙うのではなく、アドバンテージ狙いに切り替えよう。

時間のない状況では、技も限られるが、チャレンジして追い付き、判定で有利になるような展開を作ることも重要だ。

Point 3 ストーリングを誘発させる

あえて隙を見せ、相手が来ざるを得ない状況を作ったり、逆に来ない相手を追って逃避行為を誘発させるなど、ペナルティを受けさせることも考えてみよう。

ペナルティを避けるため、出て来たところで技をかけ、ポイントを取れる可能性も出てくる。

アドバイス

アドバンテージ狙いの攻撃3パターン

Point2で、上からはアドバンテージ狙いに切り替えると解説した。そこで、このアドバンテージが狙える代表的な技を3つ、紹介しておく。

足関節技

大きく頭側まで回るパスガード

相手を返す

流れ

No.30

終盤
劣勢での攻防

2ポイントリードされているなら、ガードからは2ポイントを、上からは3、4ポイントの技を狙う

2ポイントのリードを許し終盤まで来てしまった場合、最低でも2ポイント取ることを考えなければいけないが、こちらがガードから攻めているのであれば、2ポイント、つまりスイープを狙えばいい。終盤にポイントで追い付けば、そのまま終わったとしても、判定で有利な状況が作れる。

しかし、上から攻めている場合は、状況はかなり厳しいと言える。そこで、パスガードが狙えると判断したなら、そのままパスガードを狙えばいいが、それまでの戦況を踏まえ、パスガードが難しいと判断した場合は、上から飛び込んでベリンボロゲームに持ち込む、というのも、ひとつの手と言っていい。正しい状況判断を行い、技を選択しよう。

Point 1
ガードからは手数をかけず2ポイントを狙う

こちらがガードの場合は、スイープを狙おう。ただし、セットアップに時間をかけている余裕はないので、手順を要する技は選ばず、シンプルな技で2ポイントを狙いたい。

終盤で追い付ければ、判定で有利な状態を作ることにもつながる。

Point 2
パスガードできるならパスガードを狙う

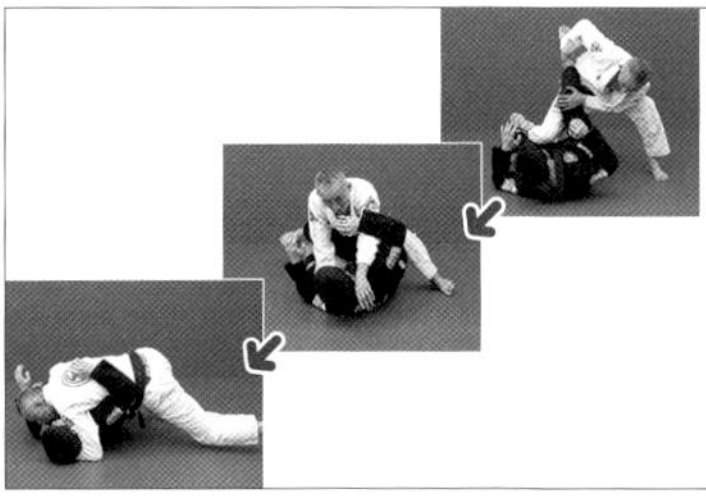

こちらが上の場合、それまでの戦況を冷静に分析し、パスガードできる自信があるようなら、パスガードを狙い続けてもいい。

ただし、パスガードできなかった場合は、当然負けることになるので、正しい状況分析と状況判断が大切になる。

Point 3
上から飛び込んでバックを狙う

こちらが上の場合は、飛び込んでバックを狙うベリンボロゲームに持ち込み、バックを取って一気の4ポイントを狙うのも手だ。

失敗すれば2ポイント取られる可能性もあるが、残り時間を考えたら、チャレンジする価値は十分にあるといえる。

アドバイス
失敗してもバックからポイントを重ねる

Point3で解説したように、ベリンボロゲームに持ち込んでポイントを狙った場合、仮に失敗してポイントを奪えなかったとしても、戦況を変えてガードポジションを作ることができれば、そこから2ポイントを狙うことが可能になる。

残り時間がわずかであることを考えると、上からであれば逆転を狙うか、最低でもガードポジションに戻さないことには先に進めない。チャンスは僅かしかないかもしれないが、不利な状況を打開するためにもチャレンジすることが重要だ。

No.31

終盤
劣勢での攻防

流れ

3ポイント以上差をつけられているなら、ガードからは連続技かサブミッション、上からはポイント差で選択肢を変える

残り時間が少ない状況で3ポイント以上の差をつけられている場合であっても、試合を投げ出すわけにはいかない。こちらが上から攻めているのか、ガードからなのか、あるいは3ポイント差なのか、それ以上離されているのかによって、戦術の選択肢は違ってくる。

こちらがガードなら、狙うのはスイープからマウント等の連続技か、一発逆転のサブミッションのみ。上から攻めているなら、足への関節技を狙うか、3ポイント差であれば、パスガードも選択肢に入る。終盤で追い付ければ、判定が有利になる。いずれにしても、ポイント差などを考慮して攻め方を選択し、最後まで諦めずに攻め続けることが肝心だ。

Point 1 ガードからなら連続技かサブミッション

3ポイント以上の差で残り時間が少ないのであれば、ガードからはスイープだけでは追い付けない。スイープとマウント等の連続技でポイントを重ねるか、一発逆転のサブミッションを狙うしかない。

集中力と力を振り絞ってチャレンジしてみよう。

Point 2 上で3ポイント差なら同点狙いもある

こちらが上から攻めている状況で、3ポイント差なのであれば、パスガードを成功させて同点を狙う選択肢もある。

成功すれば、判定になった場合でも、審判への心証が良くなるので、有利な状況を作り出すことにもつながるのでチャレンジしてみよう。

Point 3 上で4ポイント以上なら一発逆転のみ

4ポイント以上の差があり、かつ、こちらが上であれば、選択肢は限られる。

足への関節技を狙うか、No.30でも触れたように、ベリンボロゲームに持ち込んでバックを狙い、それでも差が埋まらないなら、バックからサブミッションを狙おう。

アドバイス

大差をつけられても最後まであきらめない

大差をつけられて終盤まで来てしまうと、勝つことをあきらめるだけでなく、戦意喪失して、抵抗することすら止めてしまう選手を見かけることがある。No.54、56の心構えでも詳しく紹介していくが、仮にどのような状況になったとしても、ブラジリアン柔術の選手、ファイターとしてのプライドは最後まで持ち続けていたい。最後まで粘ることで、何か起きるかもしれない。何か起きなかったとしても、練習してきた技術を試すなどして、何かを得る努力を怠りたくないものだ。

早川光由の格言 1

『何ガードが得意なんだろうとたまに考える。人からも良く聞かれる。特にないという答えにしかたどり着けない。自分から何ガードを作るとか、そういう発想はない。ガードは相手の攻めに合わせて作っていくものだから』

『力の拮抗。こちらが1を出せば相手は2を出す、こちらはさらに3を出して対抗する。これが力のインフレーションだ。そうならないように、こちらはどこかで出力を落としておく。あるいは一定を保ち、相手にだけ力を使わせると良い。先にガス欠になるのは相手の方だ』

『全てのポジションにおいて攻撃と防御を満遍なく学び、その技術の輪をできるだけ均等に大きくしていくことが大切だ。抜けてるところがあればそこを突かれる。よって自分の得意技を磨くだけでなく、穴を無くす作業も必要だ』

『厳しい状況であっても、絶対に顔や声に出してはいけない。こちらの疲弊を察した相手に元気を与えてしまう』

『使える技は結局美しい』

第二章

実戦に則した戦術テクニックと戦略

この章では、国内におけるブラジリアン柔術の第一人者である早川氏や、国内トップクラスの実力を誇る現役選手・芝本氏の戦術的なポイント奪取テクニックや戦略について解説する。

No.32

無駄な失点を防ぐ

流れ

無駄な得点を相手に与えてしまうのを防ぐ

試合では、ときに無駄な失点をしている、言い換えるなら無駄な得点を相手に与えているシーンというのを見かけることがある。それは相手の攻めが上回り、得点を奪われたというよりは、自らポイントを与えているようなもので、防げる場合が多い。

ここでは、試合でありがちな無駄な失点の状況を解説しておくので、試合中に無駄な失点をしないよう注意しておこう。ひとつはスイープされそうになったとき、立ち上がって防げるのに立ち上がらないパターン。ふたつめは下の相手を自ら引き込んでしまい、スイープされてしまうパターン。もうひとつは、相手の脚の中で足掻いて回転してしまうパターンだ。

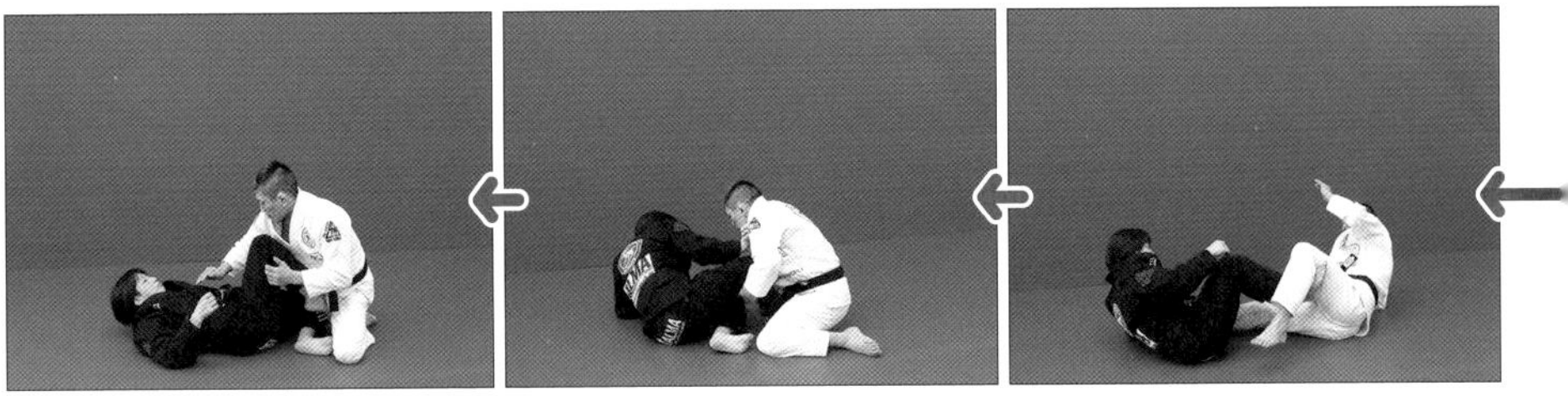

Point 1 スイープされそうになってもあきらめずに立つ

自分が上のとき、スイープされそうになり、倒れてしまう場合もあるが、可能な限り立ち上がって、無駄な失点は防ごう。

何度も立ち上がることで、相手にしつこい相手と思わせたり、スイープが成功しないという精神的ダメージを与えることにもつながる。

Point 2 下の相手を自ら引き込みポイントを与えない

自分がガードになりたいなどの理由により、ガードの相手を引き込んでしまい、自らスイープを許して、相手に2ポイントを与えてしまうことがある。

これほど無駄なことはない。安易に上下を入れ替えようとせず、しっかりパスガードを狙おう。

Point 3 相手の脚の中で回り続けない

相手にマウントポジションを取られ、焦りなどから相手の脚の中で足掻いてしまい、結果的にバックマウント、バックコントロールなど、次々と加点を許してしまう場合がある。

これは非常に無駄な得点を与えることになるので、注意しておこう。

アドバイス

足を絡め、相手の足の中で回らない

相手の足の中で回ってしまうのを防ぐには、冷静な対処が必要だ。その対処法には、ブリッジなどで相手を動かし、相手の足を出させて絡めてしまう、ということがある。相手の足を絡め取れたら、スイープの2ポイントを奪取できる可能性も出てくる。

ただし、アンダーフックされている場合は、上半身の自由が利かなくなるため、半端に足を絡んでも、すぐに足を抜かれてしまう可能性がある。これでは相手に追加の3ポイントを与えるだけなので、注意しておこう。

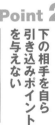

流れ

No.33

防御からの攻め

四つ這いでバックを取られた場合、すぐに反転して仰向けになり防御する

相手にスイープを仕掛けられ、背後を取られてバックフックまで許してしまう。そのようなシチュエーションを経験したことのある選手は多いはずだ。このとき、四つ這いのまま耐えようとする人は多いのではないだろうか。しかし、この状態でディフェンスするのは意味がない。それよりも、すぐに反転して防御を開始した方がいい。

反転して相手の背中をマットに着け、上から圧を加えながら自由になった両手両足を駆使し、自分の体を横に移動させていく。相手の体の外側に移動できれば、ガードポジションに戻しやすくなるので、まずはガードに戻し、そこから防御、あるいはガードからの攻撃に転じればいい。

Point 1 背後を取られたらすぐに反転する

ガードの相手に背後を取られ、バックフックまで許してしまうようであれば、3秒以内に仰向けになり、すぐさま防御を開始しよう。

すぐに仰向けになれば、スイープの得点を奪われることもなく、次に解説するが、ディフェンスしやすくなる。

Point 2 反転して上になり、背中で圧を掛けていく

自分が四つ這いの状態でバックコントロールのディフェンスをするのは意味がない。反転して相手の背中をマットに着け、上から背中等で圧を掛けていこう。

四つ這いでは手足の動きが制限されるが、こうすることで、両手・両足とも使えるようになる。

Point 3 横に動いてガードポジションに戻す

Point2で解説したように、上から相手に圧を掛けながら、身体全体を使って横に移動していくことを試みよう。

身体を横にずらし、相手の足の外側に移動させることができれば、ガードポジションに戻しやすくなる。ガードに戻してから攻撃に転じよう。

アドバイス

その場で向き合うとクローズドガードの中に入る

Point3では、相手の足の外に出るよう、横に移動していくと解説した。もし、横に移動せず、相手の足の外に出ないでその場で身体を回転させてしまうと、クローズドガードの中に入ってしまうことになる。これでは、攻撃や次の展開に持ち込みにくくなってしまうだけだ。

焦って向き合おうとせず、必ず横に動いて、相手の足の外側に自分の身体を移動させよう。

流れ

No.34

ポイント奪取

見落とされがちな2ポイントを奪える攻撃

No.32の無駄な失点シーンとは逆に、ポイントが奪える攻撃であるにも関わらず、それを行わない、見落とされがちな攻撃というものも存在する。

よく見かけるのは、スイープをする際、せっかく相手よりも上の状態になっているにも関わらず、相手の背中をマットに付けることに執着してしまい、結果的にスイープが失敗してしまうパターンだ。

トーホールドをかけ、相手が回転して逃げようとしたとき、一緒に回転して場外に出せればポイントを奪取できるのに、追わないパターンなどもある。見落とされがちだからこそ、競技性やルールを熟知して、得点できる機会を相手よりも増やす意識を持っておこう。

Point 1 スイープから背後を取る

スイープ時に相手の背中をマットに着けようとして、結果、逃げられスイープを失敗してしまうことがある。
　相手の背中をマットにつけることができなくても、背後を取るなど、物理的に上の状態になれるなら、2ポイントは奪取できる。

Point 2 トーホールドで回転させ場外に逃げさせる

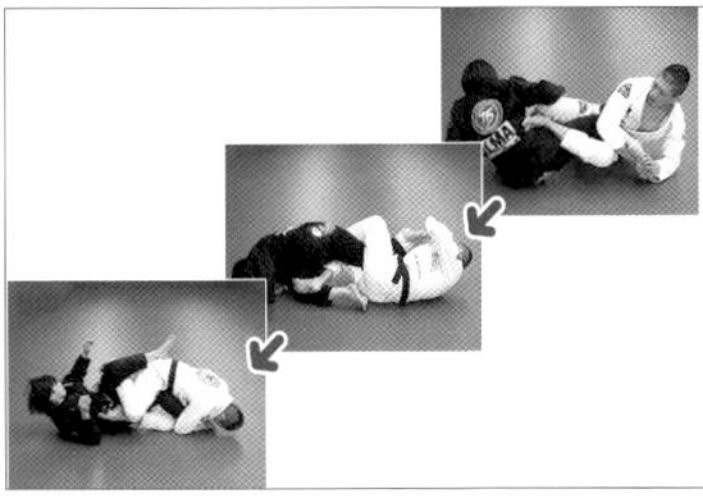

こちらがトーホールドをかけたとき、相手が極められるのを逃れようとして、自ら回転する場合がある。
　このようなとき、こちらも相手に合わせて回転していき、結果的に場外に出るようであれば、2ポイントを奪取することができる。

Point 3 相手が座ってバランスを取りにくる時を逃さない

こちらのガードからの引き付けに耐え兼ねて、あるいはサブミッションやスイープを警戒しすぎて、相手が一旦座ってバランスを取ろうとする時がある。
　相手が尻を着くタイミングに合わせて起きていけば、上下が入れ替わり、2ポイントを奪取できる。

アドバイス

ルールに精通し見落としを減らす

ここでは見落とされがちな攻撃の具体例を解説したが、見落とされがちな2ポイントを奪える攻撃だからこそ、試合では相手も見落としている可能性が高いと言える。つまり、これらをしっかりと熟知しておけば、相手よりもポイントを奪う攻撃パターンが増えることになり、試合を優位に進められることができるようになるだろう。

　競技とルールに精通することは、他の選手が気付かないポイントを加算できることになるので、このような認識を深めておくことが重要だ。

流れ

No.35

ポイント奪取

連続加点につながるパスガードの方法

パスガードは、成功させれば3ポイントを奪取することができる。もちろん、それでもいいのだが、他の技等と組み合わせるなどして、さらなる加点を一気に狙うことができれば、なおいい。そこで、さらなる加点が狙えるパスガードの方法を解説していく。

相手がコンバットベースなら、足首を取って後方に倒し、スイープからニースルー系のパスガードを用いて連続で攻撃する方法がある。こちらが上から攻めているなら、相手の脚を左右に捌いて直接ニーオンベリーを狙ってもいい。

スイープからパスガードにつなげる場合、相手を後方に倒してしまうと、次の技がかけにくくなるので注意しておこう。

Point 1 後方に倒す技は連続技がかけにくい

相手を後方に倒すと、倒したあと、自分の体が相手の両足の正面に入ってしまうだけでなく、相手との距離も離れてしまう。

これでは、パスガードをゼロの状態から始めることになるため、連続攻撃とはなりにくいので、覚えておこう。

Point 2 コンバットベースはアンクルピックが有効

相手がコンバットベースなら、足首を取って相手を後方に倒せば、自分の上体を起こしやすい。距離が開かないので、相手のガードに完全に入る前にパスガードを仕掛けられる。

さらに、膝を割り進めていけば、パスガードとの連続加点が可能だ。

Point 3 直接ニーオンベリーを狙う

相手の脚を取り、一気にパスガードを狙う方法もある。

脚を左右に振ったりフェイントをかけるなどして、脚を瞬時に捌いて相手の横につき、直接相手の腹部に膝を乗せてしまえば、単なるパスガードではなく、5ポイントを奪取することが可能だ。

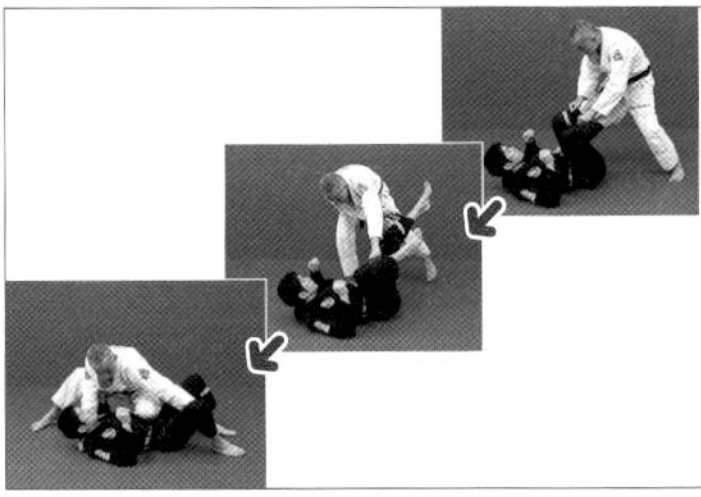

アドバイス

ニースルーからチョークを織り交ぜる

ニースルー系のパスガードでは、チョークを織り交ぜ、サブミッションとのコンビネーションで攻めていくことが可能だ。

チョークを織り交ぜることにより、相手の意識を散らし、チョークを嫌がるようなら膝を進めてパスガードを完成させればいい。膝を嫌がり、チョークへの意識が薄くなるなら、サブミッションを完成させることもできる。

流れ

No.36

ポイント奪取

スイープのあと、ポイントを加算していく

スイープは、成功させれば2ポイントを奪取することができるが、他の技等と組み合わせるなどして、さらなる加点を一気に狙うことができれば、なおいい。そこで、さらなる加点が狙えるスイープの方法を解説していく。

パターンは何種類かあるが、スイープする際、こちらの足を相手の両足の間に置き、浅く絡めさせておいてハーフガードの状態から足を抜いてパスガードの3ポイントを加算する、という方法がある。また、シットアップスイープでマウントの状態を3秒キープできれば、4ポイントを追加できる。連続ポイントを狙うなら、スイープしたあと、相手が完全なガードの形にならないよう注意しておこう。

Point 1 スイープで足を絡ませパスガードを加える

スイープするとき、他の技を連続してポイントを加算する方法として、わざと相手にこちらの足を絡ませる方法がある。

スイープの際、相手の両足の間に片足を浅く残し、ハーフガードの状態にしてから足を抜く方法だ。パスガードの3ポイントを加算できる。

Point 2 シットアップスイープとマウント

クローズドガードの状態からシットアップスイープをかけて相手を後方に倒すことができれば、まずスイープによる2点を奪取できる。

そのままマウントポジションをキープできれば、マウントによる4ポイントが加算され、計6ポイントを奪取できる。

Point 3 フックスイープで足を絡ませパスする

Point1と考え方は同じだが、ここではフックスイープを用いて相手を返している。

スイープする際、相手にこちらの足を絡めさせ、スイープを完了させたあと、足を抜いてサイドコントロールに移行し、パスガードを成立させる方法だ。

アドバイス

スイープしたあと、完全なガードの形にならないよう注意

せっかく相手を返してスイープが成功したとしても、スイープし終わった瞬間、相手がガードポジションになっているような形にならないよう注意しておこう。ガードポジションになってしまうと、連続加点が難しくなるだけでなく、次の展開そのものが難しくなるだけだ。

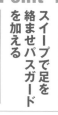

No.37

ポイント奪取

流れ

完全に防御され攻め手がなくなったとき、ポジションを変えてポイントを重ねる

こちらがマウントポジションやサイドコントロールで攻めていても、相手の防御が固く、攻め手がなくなってしまうことがある。このような状態では、同じように攻めていたのでは状況の変化を望むのは難しい。そこで、攻め手がなくなったと判断したら、ポジションを変えてポイントを奪取することを考えるのも、ひとつの方法だ。

マウントポジションであれば、相手を反転させてバックコントロールに変えてもいい。サイドコントロールからなら、ニーオンベリーを経由してマウントポジションへ移行したり、相手が逃げるようなら、バックコントロールに移行することもできる。

Point 1 サイドコントロールからニーオンベリーを経由してマウント

サイドコントロールで、相手の防御が固く、攻め手がないときは、状況を変えるのは難しい。

　そこで、瞬時に体を浮かしてニーオンベリーに移行し、そこからサブミッションを狙い、それでも防御が固ければマウントポジションに移行してもいい。

Point 2 マウントからバックコントロールに変え4点を加点

マウントポジションで、相手が必死に防御し攻め手がなくなったと判断したら、無暗に攻めても時間を消費するだけだ。

　そこで、相手の腕を取るなどして身体を反転させバックコントロールに変え、4ポイントを加算しつつ攻め手を変えていくといい。

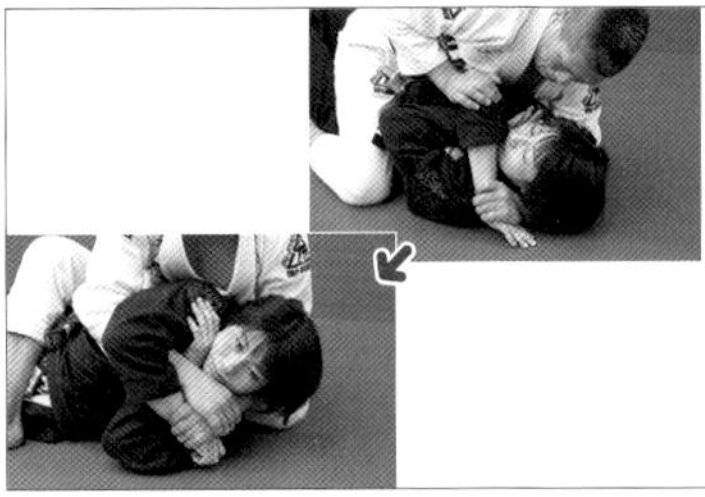

Point 3 反対側に逃げるようならバックフックで4点

Point1では、サイドコントロールからニーオンベリーへの移行を解説したが、相手がファーサイドエスケープするようであれば、その動きを利用してもいい。

　背後からバックフックで相手を返し、バックコントロールの4ポイントを加点しつつ、攻め手を変える。

アドバイス

同じ箇所で争わず他の箇所で先手を取る

相手の防御が固く、突破口が見出せないにも関わらず、いつまでも防御をこじ開けようとしても、状況を変えるのは難しい。相手の防御に対して後手に回り攻めようとするくらいなら、いつまでもそこで争っているのではなく、他の箇所で先手を取ってしまえばいい。

　その具体的な方法をここで解説したわけだが、相手がサブミッションを嫌がり首を必死に防御しているなら、他の部分に対する注意は散漫になっているはず。この考え方を覚えておけば、他にも流用できる。

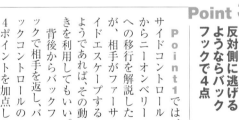

流れ

No.38

ポイント奪取

バックコントロールでサブミッションが極まらないと思ったら、わざと逃がしてポイントを重ねる

バックコントロールの状態でありながら、相手の防御が固く、そのまま攻めてもサブミッションに持ち込めないと判断したら、一旦サブミッションから離れて、相手をわざと逃がして展開を変え、ポイントを重ねることを考えてもいい。そのひとつの例として、片足のフックを外して逃げ道を与え、相手が横にずれて逃げるよう誘導しポイントを奪取する方法を解説する。

相手を逃がす前に、片手で相手の道着の脇を握って固めておく。その状態から片足のフックを外して誘導し、誘いに乗って横にずれたところで、もう一方の腕を脇の下から取り、ハーフネルソンに持ち込む。そこから足を抜くなどしてポイントを重ねればいい。

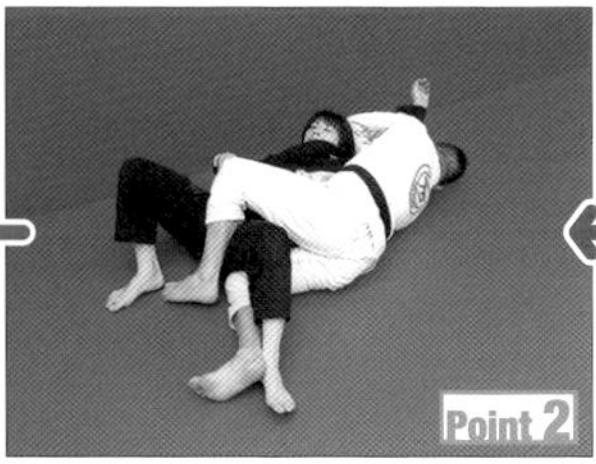

Point 1 一か所を固めて逃げ道を与える

相手をわざと逃がすひとつの方法として、一方の手で相手の道着の脇の下を握って一か所を固め、フックしていた足を片足だけ外し、逃げ道を作る方法がある。

逃げられそうに思えるが、完全に逃げることはできず、ハーフガードになることを余儀なくされる。

Point 2 二か所を固める手を打つ

相手を逃げ道に誘導し、相手が誘われてきたら、二か所目を固め始める。

ここでは、片足のフックを外し、横にずれて逃げるよう誘導しているので、相手が逃げたところで、もう一方の腕を脇の下から取り、もう一方の腕でハーフネルソンに持ち込む。

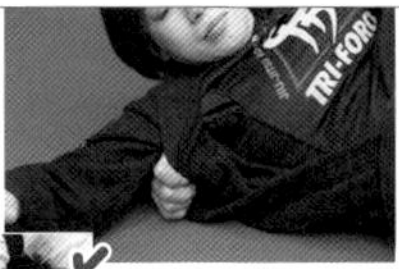

Point 3 絡んだ足を抜きパスガードとマウントの7点

相手が誘いに乗り、足を絡めた状態でガードポジションに戻したと思わせることができる。

しかし、こちらは足を抜くセットアップが完了している状態だ。絡んだ足を抜いてパスガードの3ポイントが奪取できる。さらにマウントなどで加算できる。

アドバイス

上半身2か所を固めておけば、脚は抜きやすい

ここでは、相手を意図的に逃がす前に、脇の下をしっかり握っている。そして相手が逃げるのを追うようについていき、もう一方の腕はハーフネルソンで固める。このため、相手は左右のどちらにずれることもできない。

また、それだけでなく、上半身の2か所を固められているため、身動きもできず、結果的に絡まれている足が抜きやすくなることにもつながる。

流れ

No.39

ポイント奪取

サイドコントロール等でプレッシャーをかけ、わざと逃がしてポイントを重ねる

サイドコントロールが取れていれば、さまざまな展開が考えられるが、効果的にポイントを重ねたいと考えるなら、プレッシャーを少しだけ弱めてわざと相手を逃がし、展開を変えながら、ポイント奪取を狙うのも、ひとつの方法だ。

プレッシャーを緩めるなどして、逃げる方法や方向を誘導し、こちらが描いたとおりの展開に持ち込む。そして相手が逃げたら追撃してアタックを仕掛けるといい。その際は、当然だが自ら誘導しているので、その相手の動きに対する攻め方をしっかり用意しておかなければならない。

ここでは、例として、相手が四つ這いになって逃げるよう誘導し、バックコントロールを狙っている。

Point 1 がっちり固めず逃げ道を作っておく

相手をわざと逃がしたい場合は、相手に「突破できるかもしれない」と思わせる程度に緩めよう。

あるいは、たとえば3か所抑えていたとしたら、1か所を緩めて、そこが突破口だと相手に思わせる。こちらの描く展開に誘導するイメージを持っておく。

Point 2 相手が逃げたら追撃のアタックをしかけ始める

わざと隙を作った結果、相手は想定したとおりに逃げるはずだ。こちらとしても、その動きに対する攻め方をしっかり用意しておこう。

写真のように相手が四つ這いで逃げるなら相手の腰に密着し、絞め技を狙ったりバックコントロールを狙える。

Point 3 展開を変えてポイントを奪取する

相手を逃がして展開を変えたとき、その状況を見てポイント奪取を狙おう。

四つ這いになって逃げるようなら絞め技やバックコントロールが狙える。ここでは、結果的に背後から両足をフックさせてバックコントロールに移行し4ポイントを狙っている。

アドバイス

逃がした相手の効果的な追い方

ここで解説したサイドコントロールに限ったことではないが、逃がした（逃げる）相手を追う時は、自分の腰や胸などを相手に寄せていき、密着させて体幹で柔らかく追っていこう。腰や胸などの体幹部を使って圧力を掛けながら、手や足で相手を操作するようなイメージだ。

体幹部を密着させず、手や足など体の末端部分で相手を追ってしまうと、相手に対する圧力が弱くなってしまうため制しにくい。さらに、相手を操作することも不十分になってしまう。

No.40

ポイント奪取

流れ

サイドコントロールからニーオンベリーに移行し、加点を狙いながら展開を変える

サイドコントロールの状態で、相手にがっちり防御され、攻め手がなくなってしまうことがある。このようなときは、瞬時に体を浮かせてニーオンベリーに移行するといい。展開を変えて2ポイントを奪取した上で、次の攻撃に移行し、連続攻撃を仕掛けよう。

ここでは一例として、ニーオンベリーに移行したのちチョークなどの絞め技を狙い、それを防ごうとして伸ばしてきた相手の腕を取ってサブミッションを狙う流れを解説していく。また、ニーオンベリーの状態で相手がファーサイドエスケープするようなら、バックコントロールを狙う、という方法もある。ニーオンベリーは、広い視野と機動力があるので活用しよう。

Point 1 攻め手がなくなったら瞬時にニーオンベリーに移行

サイドコントロールの状態で、相手ががっちり防御して攻め手がなくなるようなら、その状態のままでいても何も生まない。

そこで、ひとつの好例として、瞬時に体を浮かしてニーオンベリーに移行して2ポイントを狙うという方法がある。

Point 2 不用意に手を出したらサブミッションを狙う

Point1でニーオンベリーに移行したら、ひとつの攻め方として、チョークなどの絞め技を仕掛けてみるといい。

相手がそれを嫌い、突き離そうとして腕を出してくるようなら、腕を取って腕に対するサブミッションを狙うこともできるようになる。

Point 3 逃げるようならバックコントロール

Point1でニーオンベリーに移行したとき、相手が背を向けてファーサイドエスケープすることも考えられる。

相手がこのように回転して逃げようとするなら、No.39と同様に、バックコントロールに移行して、4ポイントを狙うことも可能だ。

アドバイス

ニーオンベリーは広い視野と機動力を確保しやすい体勢

ニーオンベリーは相手と密着する面積が少なく、さらには片膝を相手の腹部に当てるため、安定感、安心感に欠けると思われがちだ。

しかし、自分の顔が高い位置にあるため、攻め手を探すという意味では、非常に広い視野が保てる体勢と言える。さらには、両手両足が使いやすいため、機動力を確保しやすい体勢でもあるので、相手を逃がしながら攻めたい場合には、有利に働く。あえて相手に隙を与えて展開を作りたい場合には、苦手意識のある人も、ぜひ積極的に使ってほしい。

流れ

No.41

ポイント奪取

サブミッションをしかけ、逃げられるようであればスイープで2ポイントを取る

　こちらがサブミッションをかけようとしたとき、それを放置しておく相手はいないだろう。放置するどころか、全力で回避しようとするはずだ。もちろん、こちらとしてもサブミッションが極まればいちばんだが、もし相手に逃げられるようなことがあれば、相手の全力で逃げる動きを利用し、ポイントを奪取しよう。

　サブミッションをしかける場合は、下から狙うことが多いはずなので、相手の動きを利用してスイープの2ポイントを取るのが現実的だ。ここでは、ガードポジションからオモプラータをかけた展開、アームロックをかけ、相手がつぶしてきた展開、アームロックを立って回避した展開を例に解説していく。

Point 1 オモプラータで回転して逃げる相手の上を取りスイープ

ガードポジションからオモプラータをかけ、相手が逃れるために回転したところでスイープし2ポイントを取る。

スイープを完了したとき、相手のガードポジションの中に入らずに、サイドコントロールで終えることができれば、なおよい。

Point 2 アームロックをつぶしてきた相手を返してスイープ

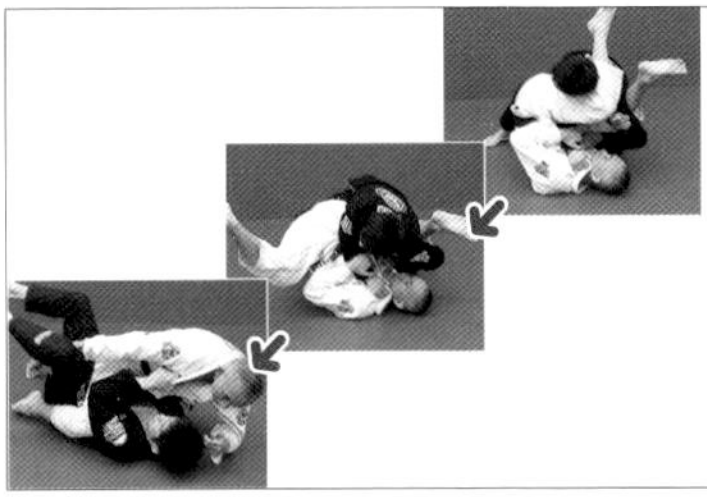

ガードポジションからアームロックをかけ、逃れるためにつぶしてきた相手を返し、スイープの2ポイントを取る。

前方に体重をかけてきた相手というのは、横に倒しやすいという特性がある。その特性を活かした展開や攻撃を行うのが効率的だ。

Point 3 アームロックを抜いて立った相手の足を取って倒してスイープ

ガードポジションからアームロックを掛け、立ち上がり腕を引き抜いて棒立ちになった相手の足を取り、倒してスイープする。

相手はサブミッションをエスケープして瞬間的に安心している可能性があるので、その瞬間がチャンスと言える。

アドバイス

サブミッションを極められるなら極める

ここで解説しているサブミッションは、スイープを狙うための誘いではなく、極めに行くためのサブミッションであると心得ておこう。

ただ、惜しくも逃げられてしまった場合、その瞬間というのは相手も全力で回避しているため、スイープを成功させる絶好のチャンスになり得る。そのチャンスを取り逃さないように心しておく、ということが重要だ。

No.42

ポイント奪取

流れ

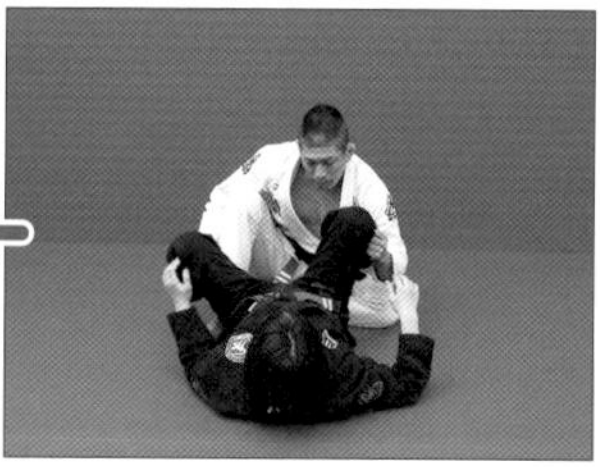

トップポジションでありながら、寝込みながら得点を狙う

自分が上から攻める場合、基本的にはパスガードを狙うことになるが、その方法はいくつもある。ここでは、ダブルガード状態から座ったままパスガードを狙う方法、トップポジションから意表を突いて寝込んでパスガードを狙う方法、展開が膠着したときなどにダイナミックな動きで展開を大きく変え、直接相手のバックを狙う方法の3つのパターンを解説していく。

相手の反応や展開次第では、パスガードのみならず、サイドやバックを取ることも可能だ。

なお、こちらから相手の下に潜り込んでバックを取りに行ったとき、バックエスケープで相手が上になったとしても、スイープとはならない。

Point 1 ダブルガードの状態から座ったままパスガードを狙う

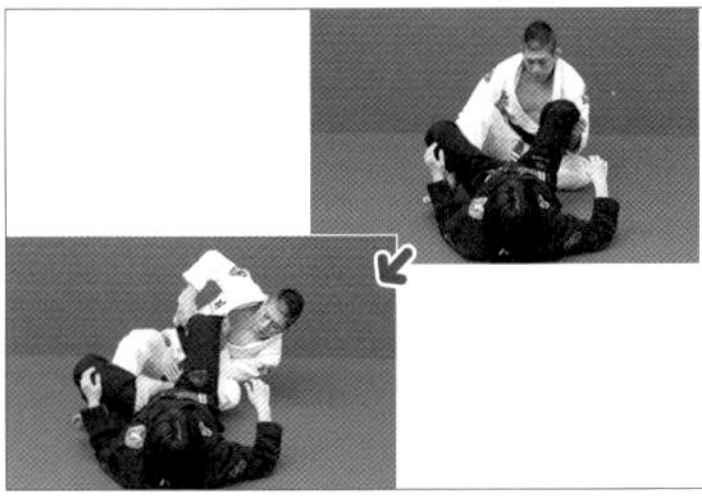

ダブルガードの状態であっても、こちらが上という状況で、かつ、相手も起き上がって2ポイントを取りに来ない状況であれば、その座った状態のままで、パスガードを狙うこともできる。

相手がスイープを狙ってくることも想定しておこう。

Point 2 相手の下に潜り込みサイドを取る

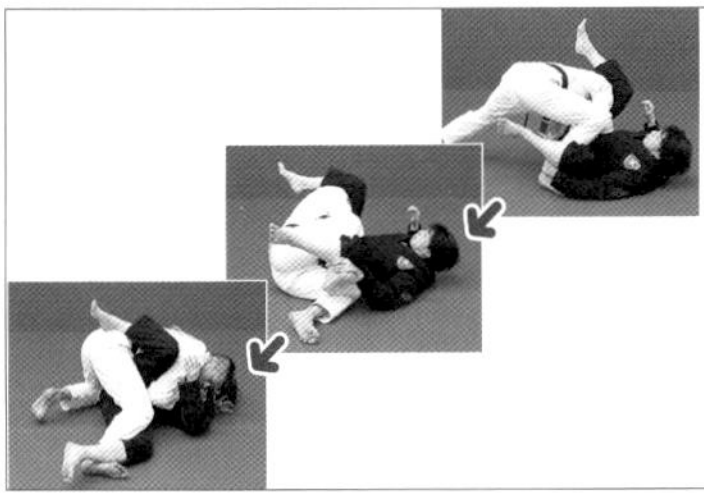

トップポジションから意表を突き、寝込んでパスガードの展開に持ち込むことで、状況を打開する方法がこれだ。

体勢を低くしながらパスガードを試みて、相手の下に潜り込む。このとき、状況にもよるが、バックやサイドを取るよう心がけておこう。

Point 3 展開を大きく変えるダイナミックな動きを入れてみる

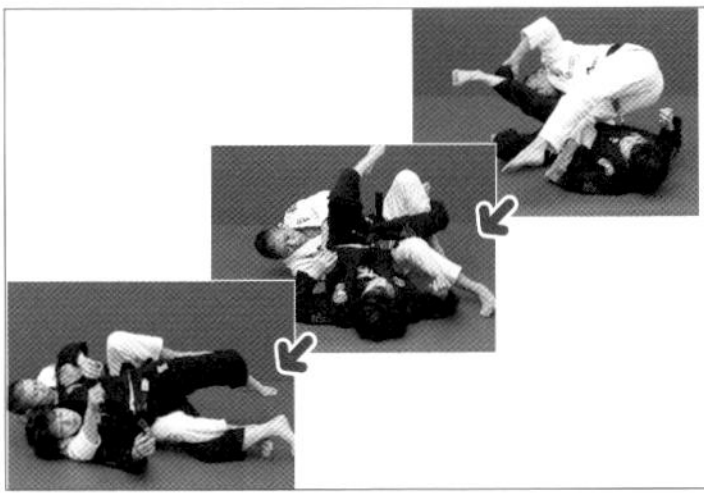

パスガードが困難なときや展開が膠着したときなどは、ダイナミックな動きをすることも有効だ。写真のように飛び込んでダイレクトにバックを狙ってもいい。

バックを取りかけて、相手のエスケープにより自分が下になっても、スイープによる失点はない。

アドバイス

相手が上になってもスイープにならない

こちらが相手の下に潜り込んでバックを取りに行く展開になった場合、相手がそれを嫌がって逃げるなどした結果、上下が入れ替わったとしても、スイープしたことにならない。そのため、相手に無駄な2ポイントを与えることなくパスガード、あるいは下を取ることができる方法と言える。

早川光由の格言２

『「間」について。相手の間を盗む、外す、あるいは逆に相手と間を合わせる。スイープもパスガードもこれがとても大切。相手が待ち構えている時には行かず。相手が呼吸を整えようとした時に仕掛ける』

『私には１００kgの鉄の塊を動かすことは難しい。しかし１００kgの人間を動かすことは容易い。50kg分は相手に動いてもらえば良い』

『相手の力を感じ、それを利用して自分が動く、あるいは相手を動かす。細かい組み手や手順などに拘りすぎても意味がない』

『柔術の技術の発展には終わりがない。どんな技でもそれを破る技が生まれる』

『柔術における「はやさ」とは速さではない。判断と対処の早さ、そして動き出しの早さだ』

第二章

トップ選手が実際の試合で用いた戦術

この章では、トライフォースの現役トップアスリートが会心の勝利を挙げた試合で、実際に用いた戦術を解説する。試合を再現したダイジェスト版の動画と合わせて、トップ選手の技術を学ぼう。

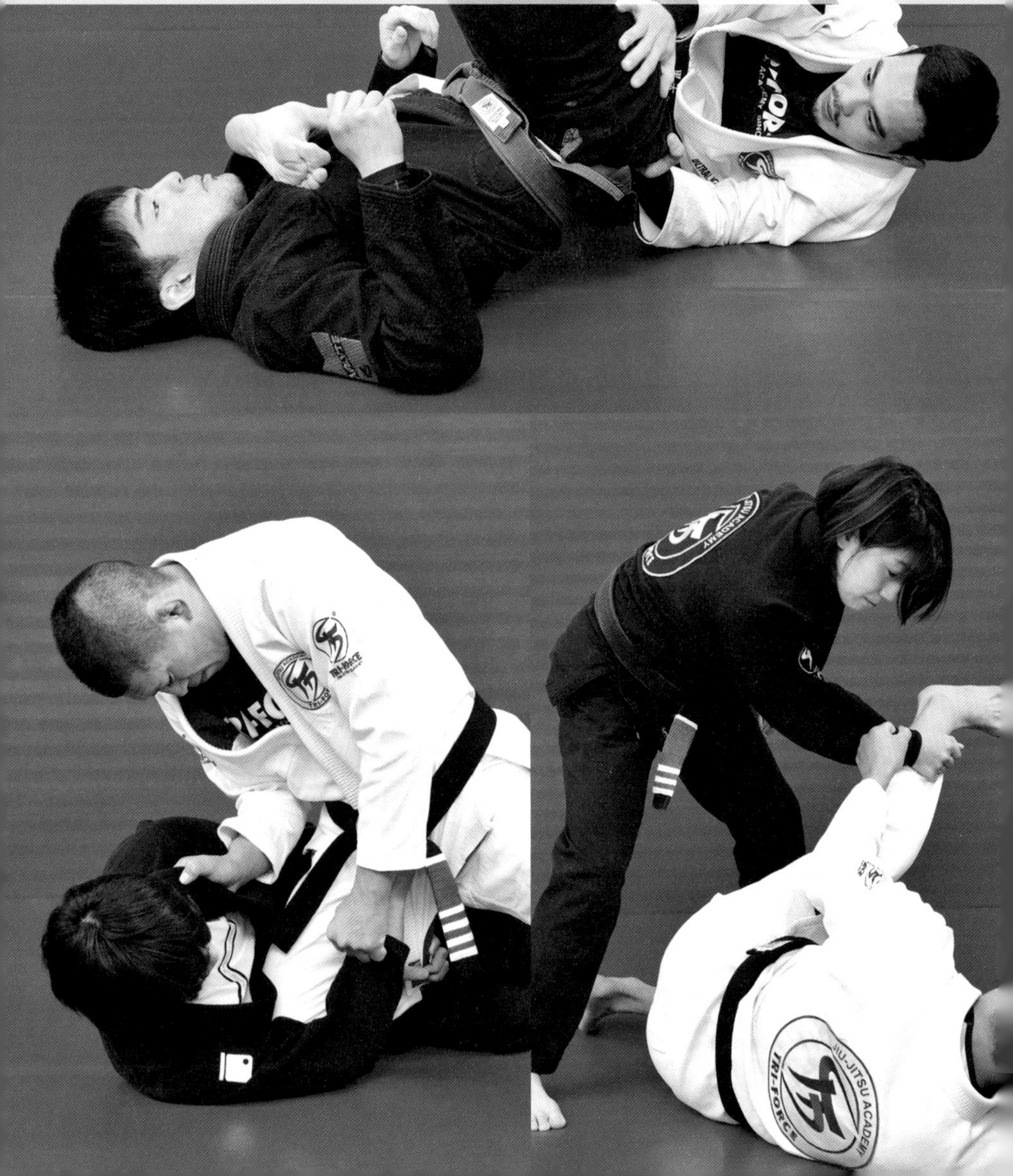

No.43

澤田伸大選手の実例

最初に相手のタイプを判断し、力の拮抗する相手の場合はアドバンテージを意識する

動画をチェック!

２０２２年７月に行われた大会の準決勝戦。最初に相手と組んだ瞬間に、力の強い選手であると判断し、その判断に基づき、とりあえず相手の力を流すような戦法を取ろうとした一戦。

相手の腕を横に流してスイープした直後、脇を挿して相手の上半身を固め、自分の得意な形に持ち込んでいる。その後、スイープで返され同点にされても優位になれるよう、パスガードを狙ってアドバンテージを取りに行っている。力が拮抗した、あるいは上回る相手と試合をする場合、ポイント差で勝ち切るのは難しく、アドバンテージの数に左右されることが多いからだ。その後はバックコントロールからポイントとアドバンテージを積み重ね、最終的に絞め技で一本を取っている。

Point 1
最初に組んだ際、相手のタイプを判断

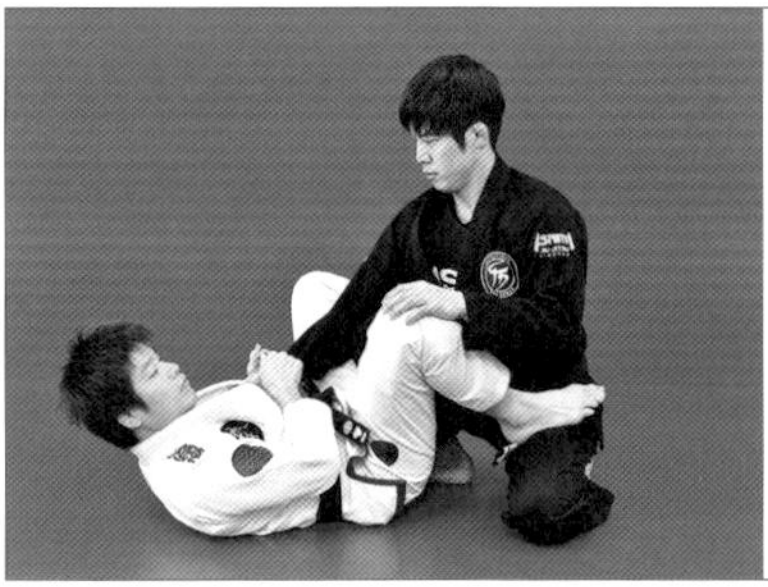

試合が始まってすぐ、相手と組んだ際の印象、タイプを判断することは、試合を進めていく上で重要だ。ただし、その情報が絶対ではなく、あくまでも参考として捉えておくことが望ましい。

この試合では、力強く硬い印象を持ったが、単に力んでいただけということもあり得る。

Point 2
スイープした瞬間に攻防の先を見る

試合でスイープを狙う場合、スイープを完成させてポイントを取るだけではなく、その先の展開を有利に進めることまで考えておこう。

スイープした瞬間、パスガードまでをイメージして、自分の得意な形に持ち込む意識を持っておこう。攻めが単発にならないように。

Point 3
アドバンテージを取り優位に進める

力の差が歴然としている相手であればいいが、拮抗している場合は、ポイント差を広げて勝つのは現実的に難しい。

そこで、ポイント差がない場合は、アドバンテージを取ることを意識しよう。アドバンテージを取ることで心の余裕も生まれ、試合を優位に進められる。

アドバイス
安易にアドバンテージを与えない

Point3では、アドバンテージを取ることを意識しようと解説した。逆の見方をすれば、アドバンテージを安易に与えてはいけない、ということでもある。もちろん、わざとアドバンテージを与える選手はいないが、ルールを熟知していないことが原因で与えてしまう選手は実際にいる。試合に出る以上、ルールを熟知しておくことが重要だ。

ルールを熟知することは、試合に勝つための近道であると同時に、技術の向上にもつながる。ルールブックは試合に勝つための、強い選手になるための指南書でもあると心得ておこう。また、試合では、アドバンテージを取るのが上手な選手の術中にはまらないよう注意しよう。

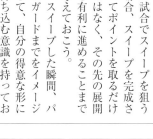

No.44

篠田光宏選手の実例

対になる二つを同時に攻め、返される瞬間に攻める意識を持ち、焦る相手に落ち着いて対処する

動画をチェック!

2022年8月に行われた大会の一回戦だが、事実上の決勝戦と目された試合。

下のポジションから攻めることを考え、相手よりも低く構えて下を取り、徐々にセットアップしている。相手の動きを封じながらバックテイクとスイープの両方が狙える形を作り、相手がバックを嫌がって背中をつけた瞬間にスイープしたが、このように同時に二つを攻めると効果的だ。試合では、常に攻め続けられることはほぼなく、仮に相手にスイープされひっくり返されたとしても、その動きを利用して脚関節を狙うなど、隙のなさを見せるといい。リードして終盤に差し掛かったら、焦る相手に対して落ち着いて対処すれば、相手は攻めが雑になり隙が生まれるので、その隙を突くことも可能となる。

Point 1 対になる二つを同時に狙う

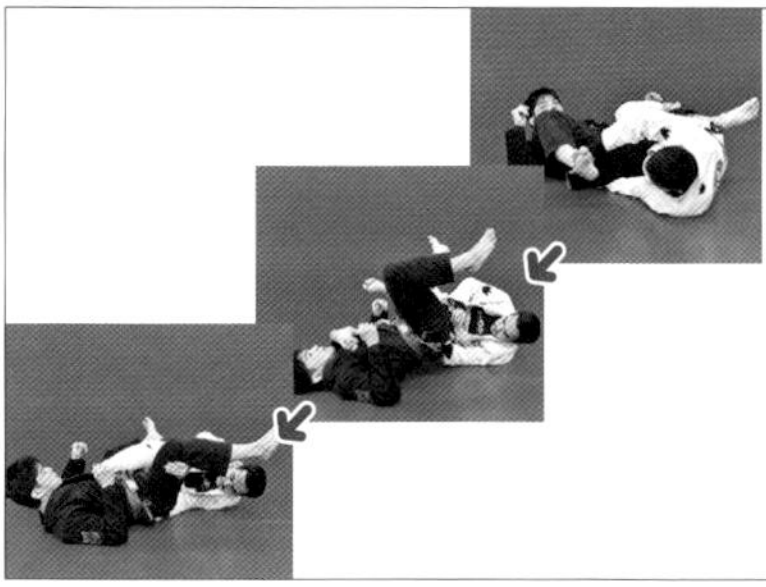

この試合ではバックテイクとスイープのどちらも狙えるよう攻めている。たとえばスイープのみを狙った場合、相手はそれに対応すればいいが、両方を狙えるように攻めると、両方に対応するのは難しく、どちらか一方が疎かになるからだ。表裏、左右、上下で対になる攻めができるといい。

Point 2 返されてしまうならアクションを起こす

どこかでスイープされることを想定しながら試合を進め、ひっくり返されたときに、ただで上にさせるのではなく、その瞬間にアクションを起こすことも考えておくといい。この試合では、フットロックを狙っている。極めきれなかったとしても、アドバンテージを取れる可能性もある。

Point 3 相手の焦りを感じたら落ち着いて対処する

特に試合が終盤に差し掛かったとき、こちらがリードしていると相手は焦るものだ。相手の焦りを感じたときは、油断するのではなく落ち着いて対処するといい。相手をさらに焦らせることができる。また、焦れば焦るほど攻めが雑になり、隙が生まれるので、その隙を突くこともできる。

アドバイス

セコンドの声に耳を傾けよう

実はこの試合、終盤でリードしていたため、それを保ったまま守りに徹して試合を終わらせることを考えていた。そのときセコンドから「攻める姿勢を見せろ」とアドバイスがあったため、それを実践して最終的に勝利を収めている。このように、セコンドは試合中の消極的な姿勢を指摘してくれたり、忘れていたことに気付かせてくれることも多いので、耳を傾けることは重要だと再認識している。

試合中は視界が遮られることもあるため、セコンドの声は、その他の情報、たとえば経過時間やポイント差、審判の動きや相手の状態なども伝えてくれるので、積極的に耳を傾けて状況を把握しながら試合を進めていくといい。

No.45

芝本幸司選手の実例

ダブルガードを確実に成立させ、アドバンテージのリードを保ちつつポイントをコントロールする

動画をチェック!

2015年9月に行われた国際大会の決勝戦。お互いが下になりたいタイプの選手であることを把握した上で試合に臨み、序盤、予想通りダブルガードの攻防が展開される。リセットを2回繰り返し、3回目のリスタートでもダブルガードの攻防となったが、アドバンテージを取った上で、上からの攻めを選択している。

中盤は、アドバンテージのリードがあることから、このリードを保つことを第一に試合を進める。終盤、一度スイープを仕掛けられるが、あえてアドバンテージに抑えず2ポイントを与えている。下からであれば2ポイントを取り返すのは可能と判断したからだ。スイープとパスガードの難易度を秤にかけ、どちらを選択するべきか判断することは非常に重要だ。

Point 1 ダブルガードを確実に成立させる

お互いが下になることを狙い、下になれない場合は、確実にダブルガードを成立させよう。そのためには、体勢を低くし、相手に触れた瞬間、尻を床に着けることに集中するといい。ダブルガードが成立していれば、自分が立ち上がることになったとしてもアドバンテージが取れる。

Point 2 スイープとパスガードの難易度を判断する

対戦相手に対し、スイープとパスガードどちらが難しいか判断することも重要だ。スイープの方が難易度が低いと判断した場合、スイープされても、スイープで奪い返すのは比較的容易だ。しかし、アドバンテージに抑えた場合、パスガードでポイントを取らなければならず、難易度は増す。

Point 3 上になったら上で居続ける

ポイントはもちろん、この試合のようにアドバンテージを取っている場合、上になったら上で居続けることを考えよう。相手は動かざるを得ず、動きが大きくなる。

上で居続けるためには、プレッシャーを与え続けつつも相手とは正面からぶつかり合わず、力を逸らしていくといい。

アドバイス

相手を把握した上で戦略を立てる

戦略を立てる場合、相手のタイプや得意技、よく用いる戦略などを把握することが重要だ。相手を知る方法として、過去の試合動画を見るほか、対戦経験や大会当日の勝ち上がり方なども貴重な情報となる。立てた戦略は、その選手にしか通用しないわけでもなく、ある程度、タイプ別に当てはめられるので、その後に活かすこともできる。過去に立てた戦略を、目の前の試合に当てはめることも可能だ。

また、戦略を立てたとしても、予想外の展開になることもある。そのときは自分が行ってきた練習などを信じて試合に臨もう。また、パニックにならないよう、プラン通りに進まないこともあり得ると、心の準備をしておこう。

No.46

芝本さおり選手の実例

ルーチやペナルティ、2ポイントまでは許容し、パスガードのチャンスをうかがう

動画をチェック!

2017年8月に行われた大会の決勝戦。事前に相手がガードファイターであると分かっており、序盤からガードに捕まる展開となる。パスガードを得意とし、そこに勝機を見出していたため、ルーチ3回、2ポイントまでは許容とし、その間にチャンスを活かす戦略を立てていた。

中盤は膠着状態のまま進み、終盤、お互いが立つ瞬間があり、その後、改めて引き込んだ相手のガードが変わったところから攻勢に出る。パスガードを繰り返し試み、パスガードからマウントとつなげ、7ポイントを取り、戦略通りの逆転勝ちを収めている。

自信のある技で勝負できる、逆転できると判断した場合は、ポイントでリードされても焦らず、チャンスを逃さずに攻め切ることが重要だ。

Point 1 ルーチをもらっても焦らずチャンスをうかがう

相手が下になる展開が容易に予想できる場合、パスガードに自信を持っているなら、ルーチをもらってしまっても、焦らずパスガードのチャンスをうかがうことが重要だ。ルーチ3回目、2ポイントまでであればパスガードで逆転できるので、それまでの間に、少ないチャンスを活かせばいい。

Point 2 残り時間を考え時間を費やす

この試合では、試合時間が残り30秒程度になったとき、相手が脚関節を狙っている。しかしまったく極まっていなかったため、そのままやり過ごす選択をした。ポイントで上回っているため、アドバンテージを取られても勝てるからだ。試合時間に合わせて時間を費やすことも考えよう。

Point 3 パスガードを繰り返す

パスガードを一回で成功させるのは難しい。一度目のパスガードで相手のグリップを崩し、相手がガードを作り込む前に、さらにパスガードを仕掛けることで成功する可能性が高くなる。時間を置いてしまうと、相手がガードを固めてしまうので、チャンスと判断したら畳みかけるといい。

アドバイス

自信のある得意なところで勝負

Point1では、焦らずパスガードのチャンスを狙うと解説したが、それはパスガードを得意としていたためであり、誰しもがルーチ3回までは許容した方がいいという意味ではない。大切なのは、自信のある技、得意とするところで勝負することが重要であるということ。相手のタイプと自分の強みを鑑みて戦術を立て、ポイント差などを考慮しながら試合を進めていくことが重要だ。

また、パスガードを狙う際は、行きすぎるとスイープされてしまう恐れがある。煽りが強い相手には、深入りせず体を後ろに残しつつ、程ほどのプレッシャーをかけながらパスガードのチャンスをうかがおう。

No.47

鈴木和宏選手の実例

過去の対戦経験から戦略を立て、相手を封じながら攻める姿勢を見せ、強引な仕掛けに対しカウンターを狙う

動画をチェック!

２０２０年11月に行われた大会の決勝戦。過去に一度対戦経験があり、立ち技が得意の選手に対し立ち技で戦い、結果的に負けていることから、最初から引き込む展開を戦略として立てて挑んでいる。

序盤、戦略通りに下からクローズドガードで相手の動きを封じても、お互い攻め手がない場合は、ルーチが入らないよう、攻める姿勢を見せることが重要だ。実力が拮抗すればするほど、ポイントを奪うのは難しくなるので、ペナルティやアドバンテージなどの差は、試合を進める上で優位になるからだ。試合時間が僅かになると、相手は強引に仕掛けざるを得なくなり、その強引な仕掛けに対してカウンターで技を狙えば、ポイントあるいはアドバンテージを奪いやすくなる。

Point 1 膠着した展開になったら攻める姿勢を見せる

クローズドガードで相手の動きを封じる一方で、実力が拮抗しているなどして膠着した展開になった場合は、ルーチが入らないよう注意しておきたい。相手の襟やズボンを積極的に掴みに行く姿勢を見せ、自分は反則にならず、相手にのみペナルティが入るような動きを行うことが重要だ。

Point 2 強引な仕掛けに対しカウンターを狙う

こちらがリードして試合時間が少なくなると、相手は攻めなければならず、強引にパスガードなどを仕掛けてくることがある。そのような場合、カウンターのスイープを狙いに行くといい。そこでスイープが成功せずポイントが取れなくても、アドバンテージを取れる可能性もある。

Point 3 過去の対戦経験から全体的な戦略を立てる

対戦経験のある選手と試合を行う場合は、過去の経験から全体的な戦略を立てるといい。この試合では、立ち技とミドルレンジからのパスガードを得意とする選手だったため、引き込んで相手の機動力を封じるためにクローズドガードを多用することを考えたが、その戦略が功を奏している。

アドバイス

状況に応じて柔軟に戦術を変える

この試合では、立ち技が得意な選手であったため、引き込んで下から攻める戦略を立てたが、試合時間が残り僅かになってからは、立ち技に切り替えている。中量級以上になると、立ち技の展開も比較的多くなり、珍しいことではないが、戦略を切り替えたのには理由がある。それは、残り時間が僅かの状態でリードはルーチ1つ分であったこと、かつ、相手はパスガードを得意とする選手であったことだ。

下のままで試合を進め、パスガードされてしまうと逆転されてしまうため、あえて立ち技に変えて時間を消費することを考えた。このように、時間やポイント差などを考慮し、柔軟に戦略を変えていくことも重要だ。

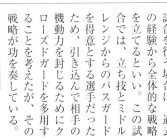

No.48

山田秀之選手の実例

序盤で相手の体力、精神力を削り、中盤の転機でコンビネーションパスを仕掛け、サイドやバックを狙う

動画をチェック!

2022年11月に行われた大会の決勝戦。対戦相手とは過去に二度の試合経験がある。開始直後お互いが引き込み合ったが、リードを持って試合を進めたかったため、自らトップを選択してアドバンテージを得た状態で試合を進めた。

序盤は相手の体力と精神力を削りつつ、自分の体力は温存しながら試合を進め、中盤の転機を逃さず、パスガードを繰り返してサイドを取ったのち、バックからポイントを重ねた。バックを狙う展開では両足が完全に入っていないシングルバック等の状態でも、落ち着いて相手を逃がさないよう背後に張り付き続けることが重要だ。ポイントで上回っているなら、その状態をキープしながらじっくり攻め、相手の動きに合わせてマウントに移行することも可能だ。

Point 1 体力を温存させながら相手の体力と精神力を削る

特に序盤では、体力を温存させ、一方で相手の体力や精神力を削りながら勝機を見出す。相手のスイープでバランスを崩した時は、必要以上に踏ん張らず、起き上がりやすい方向に自ら転がり即座にトップを取り戻せば、体力の消耗も抑えられる。これを繰り返せば相手の体力と精神力も削れる。

Point 2 パスガードは連続して繋げることで成功させる

相手のガードがラッソーからデラヒーバに変化した段階で、三種類のパスガードを繋げ連続で仕掛けた。一回目の大きな動きでディフェンスを瓦解させ、二回目は相手のディフェンスの逆を取り、三回目でサイドを奪った。その後、逃げるスペースを作り、動いた瞬間にバックを取っている。

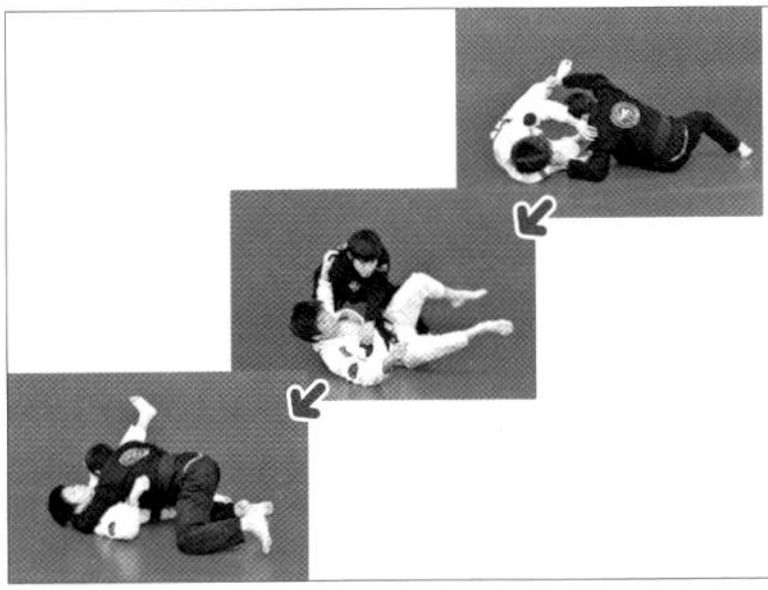

Point 3 シングルバックでは、無理せず裏に張り付く

バックを取った際、両足が完全に入っていない状態でも、無理に足を入れようとせず、シングルバックで一旦固め、相手の裏に張り付こう。

この際、注意を分散させるため、腕で絞めを狙う姿勢を見せておくといい。注意が上にきたら両足を入れる。足に注意が行けば、絞めを狙う。

アドバイス

リードしているならバックをキープし続ける

Ｐｏｉｎｔ３では、バックを取った際、たとえシングルバックであったとしても、無理にもう一方の足を入れようとせず、相手の裏側に張り付くことを考えようと解説した。ポイント等でリードしていることが重要だが、バックが取れたのであれば、その状態をキープし続ける意識を持っておくといい。

また、バックが取れているのであれば、相手の動きに合わせてマウントとバックを繰り返し、ポイントを重ねていくことも可能だ。相手にガードポジションに戻されたり、ひっくり返されて自分がガードポジションになってしまわないよう、細心の注意を払おう。

No.49

吉永力選手の実例

自分の形を作れる展開でバックが取れたら、焦らず力を入れ過ぎず攻める

動画をチェック!

2019年9月に行われた大会の決勝戦。序盤でアドバンテージを与えずに相手を引き込むことに成功し、自分のペースで試合を進めることに成功した。

序盤では、シングルレッグガードの状態から、相手の腰を抱えようと、足を使って相手の体勢を崩すことを試みている。相手を引き込んでシングルバックの状態になった際は、前に落とされることに注意しながらポジションをキープしている。両足を入れようとするなど、無理をし過ぎるとポジションだけでなく体力も失う危険があるので注意が必要だ。中盤に差し掛かった段階でバックコントロールで4ポイント先取したため、バックを維持したまま、焦ることなく一本を狙っている。

Point 1
先に引き込むことに成功し、自分の形が作れる展開に

開始早々、相手にアドバンテージを与えることなく、先に引き込むことができたため、自分の形を作ることができた。
シングルレッグガードから腰を抱える形を作りたかったため、足を使い相手の体勢を崩している。クロスニーに対しては、袖を引かれないよう半身になって対応しよう。

Point 2
バックを取った状態から、他の展開にならないよう注意

タートルポジションの相手に対し、シングルバックとなった際、前に乗り過ぎてしまうと、前に落とされる危険性が高くなる。それを防ぐため、下がってポジションを安定させることを考えよう。
この時点で同点だったため、焦らずにバックを取っている状態をキープできるよう考えている。

Point 3
焦らずバックから一本を狙う

中盤に差し掛かり、バックコントロールで4ポイントを先取したため、焦る必要がなくなる。バックポジションを安定させ、その状態がキープできるよう努めよう。
バックが取れているのであれば、ルーチが入ることもなく時間を経過させられる。その上で、落ち着いて一本を狙おう。

アドバイス
チャンスのときほど力を入れ過ぎない

この試合でいえば、シングルバックを取ったとき、両足フックを入れることを狙っていたが、同時にポジションを失う危険性があることも考えていた。このような状態のとき、フックを入れることに固執して力を入れ過ぎてしまった場合、両足を入れられればいいが、隙を突かれてポジションを失ってしまった場合、ポジションだけでなく、スタミナをも無駄に消費するだけだ。

試合終盤で負けているなどの状況でない限り、チャンスのときほど力を入れ過ぎず、スタミナを無駄に消費しないよう心がけておくことが重要となる。

早川光由の格言３

『巧くなるとは、技数が増えることではない。無駄がなくなることだ』

『相手と同じところで競り合ってしまうと、先手の優位性はなかなか動かせない。この時は他の局面での先手を密かに打っておくと良い』

『一度にあれもこれも覚えようとすると、結局何一つ覚えられないまま終わってしまう』

『奇襲とは何か。相手が知らなければ掛かるし、知っていれば掛からない、そういう技のことです。では正攻法の技とは何か。相手が知っていても掛かる技のことです』

『技術論を語る時には、私は「叩いてかぶってジャンケンポン」の例えをよく用います。相手がヘルメットをかぶる前にピコピコハンマーで叩けばこちらが勝ちますし、相手にピコピコハンマーで叩かれる前にヘルメットをかぶれば負けません。基本的にそれだけの話になります。選択と判断力の早さが大切ということです』

第四章

ブラジリアン柔術と試合に対する心構え

この章では、ブラジリアン柔術を行うにあたり弁えておきたい事柄や、試合に対しての考え方など、心構えについて解説する。試合当日までの心や体の整え方についても言及する。

No.50

競技に対する心構え

目の前の技術とその先の技術を同時に学ぶ

ブラジリアン柔術は、他の様々な競技に比べ、実に多くの技が存在している。その中には誰もが知るような基本となる技ももちろんあるが、知らない人もいるような技も存在している。さらには新しい技が、日々生み出されているといっても過言ではない。競技を行うにあたり技のレパートリーを増やすことはもちろんだが、武術家としての厚みを増すためにも、それら全ての技を学ぶくらいの意識を持っておきたいところだ。

また、特に試合で勝つことを目指すようになると、目の前の試合に勝つための技術を習得することに意識が集中しがちだ。もちろん、悪いことではないが、同時に、数年後に強くなっているような武術家としての幹を太くする意識も持っておこう。

Point 1 全ての技を学ぶ

ブラジリアン柔術には、攻撃においても防御においても、実に多くの技が存在する。そのすべての技を覚えるのは難しいかもしれないが、様々な局面の技術を学ぼうとする姿勢が大切だ。

試合で使える技を増やすとともに、武術家としての厚みを増していくことを目指そう。

Point 2 目の前の技術を習得する

特に試合に出場する選手であれば、次の試合、目前に迫った試合に勝つための技術を習得する意識も、当然のことだが持っておきたい。

ブラジリアン柔術では、技にトレンドがあったりするので、それらの情報を収集して、直前の試合に勝つための準備をしておくといい。

Point 3 数年後に強くなる練習も意識する

目先の勝利だけを追い求めてばかりでもいけない。数年後に強くなっているよう、基礎的な部分であったり全方面的な完成形を目指す意識も同時に持っておこう。

目の前の試合にばかり意識が行ってしまうと、この幹を太くして自分の厚みを増すことがおざなりになりがちだ。

アドバイス

チェーンは1箇所が弱いとそこから切れる

1本のチェーンを思い浮かべてほしい。1つひとつの輪はとても頑丈で、それらがつながっていれば、強固なチェーンになるが、どこかたったの1箇所だけでも弱い輪があると、そこから切れてしまい頑丈なチェーンとならない。

ブラジリアン柔術も、チェーンと同じだ。一見すると頑丈に見えても、1箇所に弱い部分があると、そこから綻んでしまうもの。まずは小さくてもいいので、1つひとつの輪が頑丈で、切れ目のないチェーンを作ることを目指そう。そこから徐々に年輪のように輪を広く、さらに強くしていくことが重要であり、それを積み重ねていくことで、結果的に隙のない、強く優秀な選手となっていく。

No.51

競技に対する心構え

同じ技は掛けられない、たまたまできた技は確実に覚える

試合に出場したことのある選手であれば、『相手に技を掛けられてしまった』、あるいは『たまたま技が成功してしまった』という経験は誰にでもあるはずだ。相手に技を掛けられて負けたのなら『悔しい』と、後者なら『気持ちよかった』と思うのは当然として、それで終わってはいないだろうか。

そのような経験があるなら、それを活かし、技を掛けられてしまった原因を探り、同じ技は二度と掛けられないように取り組んだり、たまたま成功した技を整理し、次も掛けられるように練習することは、実は武道家としての厚みを増す大きなチャンスと言える。しかし、多くの人がこの点に気付いておらず、おざなりにしているので、ぜひ、心構えとして覚えておいてほしい。

Point 1 掛けられた技は二度と掛けられない

技を掛けられてしまった、という経験は誰にでもあるはず。このとき『悔しい』と誰もが思うだろう。しかし、それで終わっていないだろうか。

二度と同じ技は掛けられないという覚悟で、その解決法に行きつくまで練習をやめない、敗因を分析してポイントを探るなどを行うことが重要だ。

Point 2 偶然成功した技は必ず再現できるように

試合でたまたま技が成功してしまった、という経験のある選手も多いだろう。この場合も、多くの選手が『気持ちよかった。ラッキー』で終わってしまっているように思う。

同じようなシチュエーションが訪れた際、必ず再現できるよう整理しておくと、技のレパートリーが広がり、厚みが増す。

Point 3 どちらの意識もおざなりにしない

選手であれば、上の2つの事例はどちらも経験しているはずだ。

『悔しい』あるいは『気持ちよかった』で終わってしまう場合が多く、これは非常にもったいない。必ず分析あるいは整理して、『二度と掛けられない』『次も必ず掛けられる』ようにしておくことが、非常に重要だ。

アドバイス

攻撃と防御の厚みが増す

これらの思考を持ち、日々練習に取り組んでいると、必然的に攻撃あるいは防御の厚みが増してくる。つまり、No.50で触れた『幹、あるいは年輪』を太くしていくことにつながるわけだ。勝った試合はもちろん、負けた試合からでも得られるものはあるので、必ず回想・分析して、整理しよう。

また、これらの練習で新しいことを試したり、新しいシチュエーションを作って可能性を探っていくと、思ってもいなかった新しい技が出る瞬間に出会うこともある。

No.52

試合に対する心構え

目標としている試合から逆算して練習をおこなう

試合に出場する選手であれば、次にどの大会に出場するか分かっているはずだ。大会への出場が決まったら、必ずそこから逆算して、練習内容や生活の仕方などを決めていく癖をつけよう。

その試合では何を目指すのか、どこに目標を置くのかなどを考慮し、練習内容だけでなくスケジュールを立てていくといい。もし、前回の試合で足りないと気付いた箇所があるなら、それを補ったり克服していくのも重要な作業だ。

ブラジリアン柔術に限ったことではないが、よく『対戦相手の研究』と言われるが、これは自分のレベルが上がってきてから考えればいい。まずは自分のレベルを上げて、試合でその成果を発揮できるようにすることが重要だ。

Point 1

試合から逆算し練習や生活を決める

試合への出場が決まったら、当日、どのような内容にしたいのかを考え、そこから逆算して練習や生活などを決めよう。
　レベルが上がってくると、その先の大会が真の目標という場合もある。そのような場合でも、目先の大会をどのような位置付けにするかを考え、逆算していくといい。

Point 2

試合で足りなかったものを補っていく

試合に出場する選手であれば、前回の試合などで見つかった弱点や自分に足りなかったものなどが明確になっているはず。
　それらを補っていくような練習をおこなったり、次の試合で試せるよう準備をしておくことが望ましい。そういう意味では、試合というのは技術の効果測定という側面もある。

Point 3

レベルが上がると相手ベースの練習に

選手としてのレベルが上がってくると、同じ相手と何度も試合をすることになったり、相手のタイプによって得意不得意という意識も芽生え始めてくるもの。
　こうなってはじめて、相手に対する研究が活きてくると同時に、相手を想定した練習（対策法）になってくるものだ。

アドバイス

基本は日々の練習で最終的には技の精度

ここでは試合から逆算して練習をおこなうことを解説したが、練習そのものは目先の試合のために行うもの、という間違った認識にならないよう注意しておこう。
　もちろん、試合に勝つための練習を否定するわけではない。そういった側面もありつつ、日々の練習で基本や技を磨き、武術家としての幹を太くしていくことを心がけ、地力をつけていくことが重要だ。その上で、目の前の大会でも結果が出せるよう、勝つための練習にも取り組む、という姿勢が大切だ。ブラジリアン柔術は、レベルが上がれば上がるほど、最終的には技の精度がものを言う。

No.53

試合に対する心構え

試合当日の審判団の癖や傾向を、嗅覚を働かせて把握しておく

ブラジリアン柔術も他の競技同様、ルールが存在する。したがって、試合では必ず審判がジャッジをするわけだが、他の競技でも起こり得るように、審判によって判断が変わってくるということが十分にあり得る。

これまで試合で、勝手な判断で攻めたり防御するのをやめてしまい思わぬピンチを招いてみたり、予想外の判定に慌てたりしたことはないだろうか。このようなことがないよう、試合当日、会場に入ったら、可能な限り審判団の癖や傾向などを観察しておこう。大会全体を通して、ルール変更などがないか確認しておくことも重要だ。また、ペナルティに対するジャッジに癖や傾向が顕著に表れるので、特にその点を意識して観察し、情報収集しておくといい。

Point 1

審判によって判断は異なる

どの競技でも見られることだが、同じルールで競技が行われていても、審判によって判断が変わってくることがある。これはブラジリアン柔術においても同じこと。試合に臨む際には、このことを頭の隅に入れておこう。勝手に判断して、思わぬピンチを招いたりする可能性もある。

Point 2

行われている試合を観察しておく

試合会場に入ったら、時間の許す限り、行われている試合を観察しておこう。その日の審判団にどういった癖や傾向があるのかなど、情報を収集しておくためだ。

同時に、ジャッジに対して不満をあらわにしたり慌てたりすることがないよう対策しておくことが重要だ。

Point 3

大会全体を通じた流れを見ておく

ブラジリアン柔術は、ルールの変更等が告知されないため、審判団の癖や傾向だけでなく、ルールそのものの変更や反則に対する定義、反則などの適用状況が変わっている場合がある。

そのため、大会全体を通じて、どのようにルールが運用されているか確認し、流れを見ておこう。

アドバイス

癖が顕著に表れるのはペナルティ

審判の癖や傾向などを観察するにあたり、ひとつ意識しておきたいのが『ペナルティ』に対するジャッジだ。どのような場合に『ペナルティ』を出すのか出さないのかという部分が、その審判の癖や傾向を測るうえで、顕著に表れるからだ。

つまり、誰が見ても明らかに反則といった場合は、審判が誰であっても同じように判定する。しかし、違いや判断基準が微妙なものほど、その人（審判）の癖が顕著になる、ということだ。

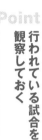

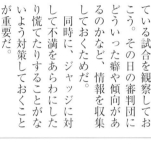

試合は強気で臨み、出場する意義を再確認しつつ全力を出し切ろう

試合を目の前にして緊張してしまったり、あるいは『負けたらどうしよう』と弱気になってしまった経験はないだろうか。多くの選手が同じような気持ちになったことがあるはずだが、緊張したままや弱気な姿勢で試合に臨むのは、非常にもったいないことだ。

もし試合前に緊張したり弱気になってしまうようなら、試合に臨む意義を思い出してみよう。練習してきたものが通用するか試すために、自ら望んで出場したのではなかったか。この部分を再認識し、勝敗を気にするのではなく、全力で持てる全てを出し切ることに意識を集中させよう。仮に試合に負けたとしても、ネガティブになる必要もない。その中からでも得られるものは必ずある。

Point 1

試合には常に強気で臨もう

自身の試合時間が迫ってくると『負けたらどうしよう』と弱気になってしまう。このような経験をしたことのある選手は多いのではないだろうか。

弱気な気持ちは決してプラスに働くことはなく、マイナスに働くばかりだ。『負けたら…』ではなく『絶対に勝つ』という強気で臨むに限る。

Point 2

試合に出場する意義を思い出そう

弱気になってしまうようなら、自分がその場に立っている意義を見つめ直してみよう。自分が望んで来たはずだ。

出場したいという気持ちは、どこから湧いてきたのか。可能性を試すために試合に臨んだのではなかったか。そう考えれば、負けることを恐れなくなるはずだ。

Point 3

全力を出し切り技やテーマを発揮する

勝敗ではなく、練習してきた技や持って臨んだ試合に対するテーマなど、その時点で自らの持てる力を全力で、すべて発揮することに注力しよう。

それで仮に試合に負けたとしても、ネガティブになる必要はない。必ず得られるものはある。全てを出し切れずに後悔するよりも、よほどいい。

アドバイス

負けても得られるものがある

Point3でも触れたが、仮にその試合に負けてしまったとしても、その敗戦から得られるものは必ずある。勝利することで得られるものとは異質のものかもしれないが、足りなかった部分であったり、次につながるヒントなど、得られるものは貴重だ。

緊張して、あるいは負けることを恐れて全力を出せないことの方が、よほどマイナスとなるので、とにかく試合では積極的にトライすることを心がけよう。

技を掛けるにしても、防御するにしても、積極的な姿勢で臨み、それを続けていくことが重要だ。

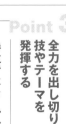

No.55

試合に対する心構え

感謝の気持ちで試合に臨もう

No.54では、試合には強気で臨もうと解説したが、同時に、試合に臨む際、もうひとつ大切になるものがある。それは、感謝の気持ちだ。大会スタッフやレフリーなどが尽力してくれるからこそ、試合が行える。自分一人では何もできないはずだ。そういう意味では、対戦相手も、いてくれるからこそ試合が成立するわけだ。

また、その大会当日だけでなく、日々指導してくれる先生や仲間、家族など、多くの人たちに支えられているからこそ、その場に立てていることを考えれば、すべてに感謝せずにはいられないはず。

このように感謝の気持ちを持って試合に臨めば、緊張や不安などがなくなり、自然と気持ちも落ち着いてくる。

Point 1
感謝の気持ちを持てば気持ちが落ち着く

試合（大会）が行われるにあたっては、会場建物の管理者や各種スタッフ、レフリーなどをはじめ、多くの関係者の尽力によるところが大きい。試合に出場する選手で、このことを考えたことがある人は、どれくらいいるだろうか。

また、普段から指導してくれる先生や一緒に練習してくれる仲間たち、関係者、家族など、多くの人の支えがあってこそ、その場に立てているということも忘れてはならない。すべてに感謝の気持ちを持つと同時に、試合は相手がいなければ成立しないことを考えれば、対戦相手にすら感謝の気持ちが湧き、自然と気持ちは落ち着いてくる。

Point 2
誤審すらも受け入れられる

Point1では、大会の関係者やレフリーなどのスタッフ、対戦相手に対しても感謝の気持ちを持とうと解説した。

このようにすべての人に対して心から感謝していれば、仮に試合中、誤審があったとしても、審判に対して不満に思ったりせず、その判定を素直に受け入れられるはずだ。人が判断する以上、間違いは付きまとうわけで、次は自分が有利になるような誤審があるかもしれない。もちろん、自分に対して悪意を持ち、不利になるようなジャッジをしているはずがない。一喜一憂せず、心を落ち着けて試合と向き合おう。そうすれば、試合に集中することもできる。

Point 3
人生の勝者となりえ人生を豊かに

Point1と2では感謝することの大切さと、それによる誤審等に対する寛容さが大切であると解説した。精神論を諭すつもりはないが、日々感謝の心を忘れず、何に対しても謙虚で、心を落ち着けておけば、周囲との関係や触れ合うすべてのものを通じて、きっと人生そのものが豊かになっていく。

せっかく縁あってはじめたブラジリアン柔術なのであれば、単に競技としてだけでなく、自らを律し、成長させてくれるツールとして活用してほしいものだ。

そのように向き合っていけば、一人ひとりが思うところの「人生の勝者」たりえるはずだ。

アドバイス
自分でコントロールできるものに意識を向ける

Point2では、誤審があった場合でも、感謝の気持ちを持っていれば、不満に思ったりせず、素直に受け入れられるはずだと解説した。

一方で、仮に誤審があった場合、その判定に対してイライラしてみたり怒って抗議してみたところで、結果は変わることはない。つまり、自分がコントロールできない部分に意識を向けたところで、それが結果に反映されることはないと言える。それであれば、自分がコントロールできる部分に意識を集中し、気持ちを向けていくことが大切であり、その方がよほど結果につながるものだ。それでも上手くいかなかったことがあるなら、次の試合までの改善点として持ち帰ればいい。

No.56

試合に対する心構え

負け試合でも最後まで全力を出し切ろう

試合では稀にではあるが、負けている選手が明らかにあきらめてしまい、残り時間で抵抗することすら放棄しているようなシーンを見かけることがある。本書を手にしている方で思い当たる節がある場合、この時点から「試合をあきらめてしまう姿勢」を見せないよう心してほしい。

それは武術家としての矜持はもちろんだが、最後まで全力を尽くすことでしか手にできない貴重なものが、負け試合の中にもあるからだ。試合に出場するにあたり、練習してきたことや培ってきたものが、必ずあるはず。それらがどれだけ通用するのか試す絶好のチャンスを放棄するのはもったいない。最後まで全力で試して、次につなげる姿勢を持ち続けたいものだ。

Point 1 負け試合と悟っても決してあきらめない

試合をしていると、特に残り時間が少なくなってくると、置かれた状況や、それまでの時間で感じた、対戦相手の力量などから、試合に負けると認識することがある。

だからといって試合を放棄していいわけではない。最後まであきらめない姿勢を保ち続けることが重要だ。

Point 2 とにかく最後まで全力を出し切る

中にはすっかりあきらめて抵抗することすら放棄してしまう選手がいるのも事実だ。

これでは、何のために試合に出ているのかと問い質したくなる姿勢と言わざるを得ない。武術家としての矜持を見せたいものだ。持てる全てを出し切り、最後まで抵抗する姿勢がほしい。

Point 3 負け試合であっても練習の成果を試す

負け試合でも全力で抵抗するのは、練習してきたものを試したり、どの程度通用するのか、その成果を図る意味でもある。

このトライをすることで、以降の練習に反映させたり、考えるヒントを得たりすることができるわけだ。最後まで全力で抵抗するからこそ貴重なものを得られるのだ。

アドバイス

負け試合は存在しない 結果的に負けただけ

ここNo.56では、便宜上、負け試合と表現しているが、試合である以上、負けてもいい試合など存在しないはず。試合終了まで勝ちを模索するのは当然のことだ。仮にポイントで大差をつけられていても、相手との力量が圧倒的に違うと察知した場合であったとしても、決して負け試合などではなく、途中であきらめてはいけない。

そのため、これは負け試合だから練習してきたことを試しておこう、という考え方ではなく、勝ちにつながる突破口を探すために練習してきたことを試す、と考えよう。残念ながら力及ばず負けてしまったとして、結果的に『負け試合であったけれど、全力を出し切った』ことが重要だ。

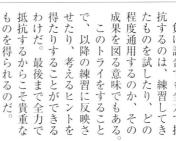

早川光由の格言４

『同じ攻防をいくら続けても新しい事は出来るようにならない。日々トライして工夫しよう』

『技を習っても、そこに秘められたディテールを本当に理解できるのは、その技のことを忘れていた数ヶ月後のスパーリング中であったりすることはよくある』

『試合に勝つための技術だけに固執してしまうと、自分の可能性を閉ざしてしまうだろう』

『リスクをおかさなければ打開できない局面でそれが出来ないのは、相手を恐れているのではなく、失敗するかもしれない自分を恐れている。試合後にもっとも自己嫌悪に陥るケースだ』

『ガードディフェンスに全力を使い果たし、パスされた瞬間に戦意喪失してしまう人がいる。そこからマウントやバックを安易に与えてしまう。戦いは終わってないよ』

『強い相手との練習以外は意味がないと思っているようでは未熟者』

第五章

試合（大会）前の調整法

この章では、出場する試合（大会）が決まってから、試合当日までの具体的な過ごし方（減量や体調の整え方など）にはじまり、試合開始直前での心の整え方など、心身の調整法を解説する。

No.57

調整法

試合が決まった段階で、その試合のテーマを決めて日々に臨む

大会への出場が決まったら、試合当日までに準備しなければいけないことは多岐にわたる。中でもまず最初に行っておきたいのが、試合のテーマを決めることだ。その大会(試合)に出場するにあたり、何をテーマに試合に臨むのか、ということだ。

このテーマは選手一人ひとりが独自に決めればいい。人によっては、その先にある最終目的としている大会で結果を出すために、次の大会では何を確認しておくべきか、という場合もあるだろう。いずれにしても、このテーマを決めて持っておくことで、練習内容が明確になり、結果、練習相手も明確に見えてくるはずだ。そういった目的が明確になることで、しっかりとした準備ができ、試合当日も安定した気持ちで迎えられる。

Point 1 出場を決めた段階でテーマを決める

試合への出場を決めたときは、その試合に対して必ずテーマを決めておこう。

　その大会に対するテーマはもちろんだが、最終的な目標とする大会があるなら、その最終目的に向け、今回の大会では何が必要で何を試さなければいけないのか、といったことも含まれる。

Point 2 テーマを決めることで練習内容も決まる

　テーマが決まれば、練習内容が明確になってくるはずだ。技術的なことはもちろん、場合によっては戦術的な練習内容になるかもしれない。目的を明確にすることで、目指す場所が見えてくる。

　テーマが決まらないと、練習内容も明確にならず、闇雲に練習することになりかねない。

Point 3 テーマが決まれば練習相手も決まる

　テーマが決まり、練習内容が明確になれば、当然、スパーリングなどの練習相手もおのずと決まってくる。

　さらには、単に対戦相手を想定するだけでなく、戦術的なテーマなのであれば、それを試すような練習も可能だ。このように試合までに準備を整えよう。

アドバイス テーマを決めておくと気持ちも定まる

　ここではテーマを決めることの重要性を説いたが、仮にテーマを決めないまま試合当日を迎えてしまったとする。この場合、当然のことながら試合に向けた準備が万端とは言い難いため、試合直前になって不安に襲われたり極度に緊張してしまうだろう。

　いざ試合になっても、何をすればいいんだろう、逆に相手は何をしてくるんだろう、と心が揺れたまま対戦相手と向き合うことになる。これでは結果は火を見るより明らかと言わざるを得ない。

　テーマを決めておくことで、いざ試合になっても気持ちが定まり、落ち着いて臨めるようになる。

No.58

調整法

減量プランを考えて実行する

出場する試合（大会）が決まったら、減量が必要な人は、当日に合わせて減量をおこなわなければならない。専属の栄養士がいる場合などを除き、基本的には減量プランや食事メニューなどは自分で決めて実行していく必要がある。

減量に慣れていない選手はもちろんだが、慣れている選手であっても、日頃から調子のよくなる食べ物、逆に調子が悪くなる食べ物などを把握しておくことも重要だ。また、加齢などにより、身体が変化することも考えられるので、常にベストな減量方法を探す意識も持っておきたい。前回の減量方法で体調がよくなかった場合などは、なおさらだ。減量に成功しつつコンディションを試合に合わせられるのは、アスリート力のひとつの証だ。

Point 1 減量プランを立て食事メニューを決める

所属しているチームに栄養士が在籍しているなど、よほど恵まれた環境がない限り、選手は基本的に自分で試合に向けた減量プランを考える必要がある。当然ながら、食事のメニューも自分で決めることになる。ちなみに、トライフォースでは専属の栄養士はいないため、選手は各自が独自に研究し、減量プランを立てている。

試合時には、減量を達成させるのは当然のことながら、体調もピークに持って行かなければならない。そこで、試合当日から逆算した減量プランをしっかり立てよう。日頃から研究し、自分に合った減量方法や食事メニューを模索しておく。

Point 2 必要に応じて減量方法を変える

減量に慣れていない選手はもちろんだが、減量をおこなった結果、試合当日、試合中に足がつってしまったなど調子が悪かった場合は、減量そのものは達成したと言えても、減量に成功したとは言えない。この場合、当然だが、次回の減量では方法を変える必要が出てくる。

また、年齢（加齢）や体調などにより、身体そのものの変化も考えられる。これらの変化も考慮し、その都度、必要に応じて減量方法は変えていく必要があると覚えておこう。そのためには、日々減量を意識し、よりよい方法を模索し、常にアップデートしていくことを心がけておこう。

Point 3 ベストな減量方法を常に探しておく

Point2では減量方法を変える必要があると解説したが、日頃から何を食べると体の調子がいいのか、逆に悪くなるのかなどを知っておくことも重要だ。仮に自分に合う食材があったとしても、先に触れた通り、加齢などにより、数年後には同じ食品がベストではなくなっている可能性もある。

それらの情報も加味しながら、もっと自分の身体に合う減量方法はないか、常にベストを探す意識を持っておきたい。仮に成功したと思える減量プランがあったとしても、さらに適した方法があるはずと考え、研究を続けてみよう。繰り返しになるが、常にアップデートすることを心がけよう。

アドバイス

コンディションを試合に合わせる

ボクシングなどで、前日の計量で減量に失敗し試合が成立しなかった、といったニュースを稀に耳にすることがある。ブラジリアン柔術も体重別で争われる競技である以上、減量について考えておこう。

しかし、単に体重が落とせた、というだけでは、真の減量とは言えない。無理に体重を落とした結果、体調が最悪だったとなれば、試合に勝つことはできないからだ。減量を達成しつつコンディションも試合に合わせることができてはじめて、減量に成功したと言えると心得ておこう。減量を達成しつつコンディションを試合当日に合わせられるのは、アスリート力が高い選手の、ひとつの証明でもある。

No.59

調整法

疲労を取りながら体力レベルもキープしていく

試合を直前に控えると、最高のコンディションで試合に臨みたいと考え、疲労を取ろうとして練習をやめてしまうことがある。練習を休めば確かに疲労を取り除くことはできるが、同時に体力レベルの低下を招くので、最高のコンディションで試合に臨めるとは言い難い。

そこで、特に試合を間近に控えた場合は、練習をやめるのではなく、強度を落として練習を継続するのが望ましい。疲労は比較的短時間で溜まったり抜けたりするが、一度低下した体力レベルは、向上に時間がかかるからだ。強度を落として練習を継続すれば、疲労を取り除きながら体力レベルもキープできるので、最高のコンディションで試合に臨むことができる。ぜひ一度、試してみよう。

Point 1 試合前に完全に休むと体力レベルが低下する

試合を直前に控えると、疲労を取り除こうとして、練習をやめ完全に休んでしまう、ということを考える人がいる。

確かに疲労を取り除くことはできるが、体力レベルも低下させることになる。体力レベルとは、筋力、判断力、咄嗟の瞬発力（反応）、体の使い方、持久力などを指す。

Point 2 練習の強度を落とし疲労を取り除く

体力レベルを維持しつつ疲労を取り除くためには、練習の強度を落とすのがおすすめだ。

練習方法はアドバイスで詳しく紹介するが、練習そのものは（普段と変わらず）継続しながら疲労を取り除いていければ、試合で最高のパフォーマンスが発揮できる可能性が極めて高くなる。

Point 3 疲労は短時間で抜ける、体力レベルはすぐに上がらない

疲労は比較的短時間で溜まるものだが、逆に短時間で抜けるもの。そのため、練習の強度を落としてやれば、短期間で疲労は抜けてくれる。

しかし、体力レベルは、一度落としてしまうと、すぐに向上せず、徐々にしか上がらない。これらの特徴を覚えて、コンディションの調整を行おう。

アドバイス

強度を落とす練習方法

Point2で触れた強度を落とす練習法だが、先に注意しておくと、強度とは言っても、必ずしも「強さ」ではないと覚えておいて欲しい。たとえばスパーリングなどで、力を抜いて練習してしまうと、逆に故障の原因となってしまうこともある。

具体的な練習方法は、たとえば普段の練習で10本行っていたものを6本に減らしたり、インターバルを長めに取るなどして、身体に掛かる負担を弱め、疲労を溜めない程度にする、ということだ。

普段を10とするなら、6〜8程度に抑え、残りの2〜4を体力の回復に回す、というイメージを持っておくといいだろう。

No.60

調整法

試合前のウォーミングアップは普段行っているものを行う

試合の当日、会場に入ってから誰もが行うウォーミングアップ。試合前なので特に入念にストレッチをしたり、気合を入れている、といった人は意外と多いのではないだろうか。その気持ちは分からなくもないが、実際には、普段と違うことを行うことで、身体は新鮮な刺激と認識し、ストレスとなり無駄なエネルギーを消費している。これでは肝心の試合でエネルギーが持たないかもしれない。

そこで、試合前のウォーミングアップは、普段の練習前に行っているものと同じものを行うようにしよう。どうしても試合前は入念にウォーミングアップしたいのであれば、普段の練習から、そのウォーミングアップを行っておくといい。

Point 1 慣れないウォーミングアップは新鮮な刺激になる

試合当日、この日は試合だからといって、普段より念入りにウォーミングアップしている、という人は多いのではないだろうか。

しかし、ウォーミングアップに限らず、やり慣れないことは身体にとって新鮮な刺激となり、ストレスになってしまうので、注意が必要だ。

Point 2 慣れないことはエネルギーを消費する

やり慣れないことは、無駄にエネルギーを消費することにもつながる。ウォーミングアップでエネルギーを消費してしまっては、試合でエネルギーが不足し、集中力が持たない。

特に試合当日であるなら、試合以外でのエネルギー消費は最小限になるよう心がけておこう。

Point 3 普段行っているウォーミングアップを

試合会場に入った際のウォーミングアップだが、これは普段行っているものと同じものを行うのが望ましい。

考え方はそれぞれだが、普段行っているものを試合前に行ってもいいし、試合前に行いたいと思っているウォーミングアップを、普段の練習で取り入れておいてもいい。

アドバイス

自分の体に合うウォーミングアップを見つける

ここでは、そのウォーミングアップの内容について、もう少し詳しく解説しておく。

ウォーミングアップを経て練習や試合に臨むわけだが、体がよく動いたのか、あるいは違和感があったのかなど、自分の体に合う、あるいは合わないウォーミングアップを見つけ出すことが重要だ。その上で、ベストなウォーミングアップを模索し、普段の練習前、そして試合前に行うといい。もちろん、日々アップデートして、よりよいものにしていく意識も必要だ。

また、ウォーミングアップのみではなく、試合前の減量や試合後の体のリカバリーなどを1つのパッケージとして捉え、常にベストな状態を保つ意識を持っておこう。

No.61

調整法

販売元：株式会社フルッタフルッタ

試合当日必要な栄養補給はすべて準備しておく

試合に出場する場合、多くは一人で会場入りしているはずだ。つまり、自分のことはすべて自分で行わなければならないので、試合に集中するためにも、飲食物などの栄養補給品は、すべて準備しておこう。準備を怠って、試合の合間に飲み物を探したり買いに行ったりするのはストレスになるだけだ。

もちろん、用意する飲食物は、その内容にも注意が必要となる。なるべく胃に負担のかかならない消化吸収のよいものが望ましい。さらには、計量前後には飲み物にも気を配りたい。

これらをすべて考慮し、それぞれのタイミングに適したものを事前に準備しておくことで、試合に集中する環境を作ることが可能となる。

Point 1
飲食のタイミングに合わせたものを用意

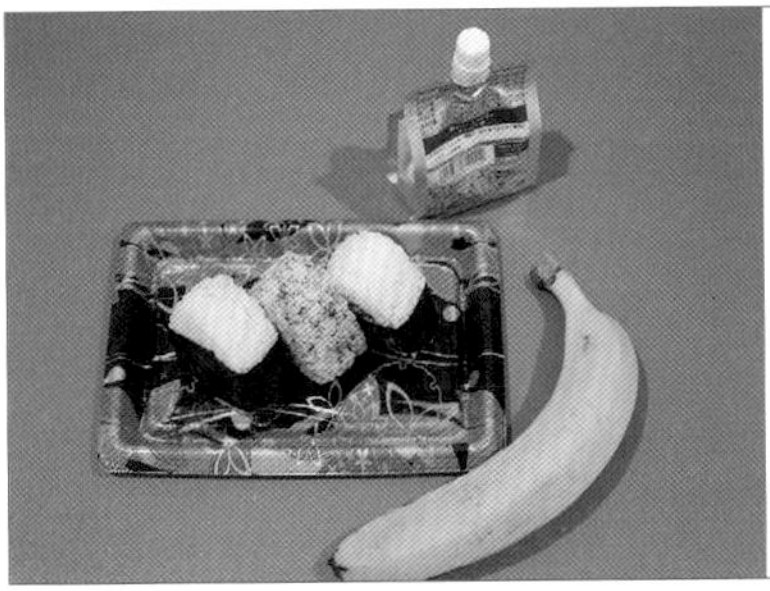

試合当日は、最後の決勝まで勝ち残ることを想定し、飲食物を用意しておこう。試合前に飲むもの、1回戦の後に口にするもの、といった具合に、すべてのタイミングに合わせて、必要な栄養補給品を準備しておく。

事前にすべて用意しておくことで、試合に集中することもできる。

Point 2
消化の悪い食品はなるべく避ける

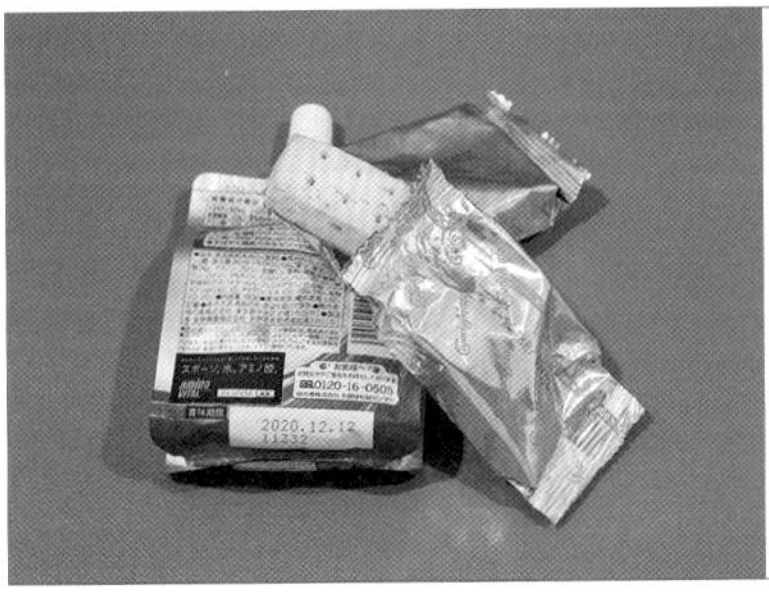

準備するべき栄養補給品は、なるべく消化のよいものを選ぼう。消化するのに胃に負担のかかるような食品は適さない。

ただし、試合進行上、次の試合まで時間があくようなら、自分の体と相談の上、おにぎりなどを口にしてもいいが、なるべく消化が良く吸収の早い食品を選ぼう。

Point 3
減量による脱水症状の可能性があるなら経口補水液を

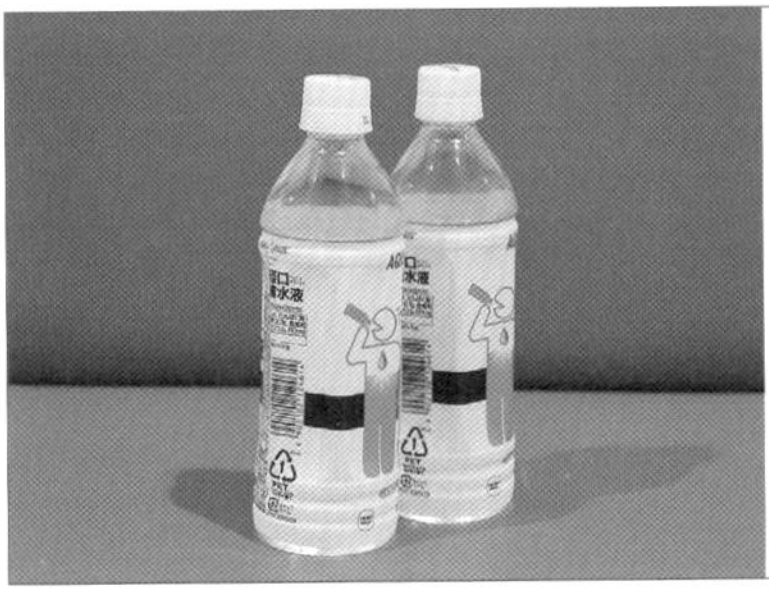

試合に際し減量を行った選手は、脱水している可能性もある。脱水症状はパフォーマンスの低下を招く恐れがあるので、計量直後から試合開始までの間に水分を補給して可能な限り脱水症状を回復させたいところ。

経口補水液は素早く体に吸収されるため、水分補給に最適だ。

アドバイス
計量後も計画的な栄養補給を

計量が終わり、無事パスすると、一気にエネルギーを補充しようとして、大量の糖質やドリンクを摂ってしまうことがあるかもしれない。しかし、急激に糖質を体に入れてしまうと、気持ち悪くなってしまう場合がある。これでは、減量に成功したところで、最高のパフォーマンスを発揮できない可能性も。日頃から試してみて、食べても大丈夫なもの、ベストな状態になれるものや量などを見つけておくことが重要だ。

なお、アサイーは芝本選手も日頃から摂取している、スーパーフードと呼ばれる果実が主原料の食品。栄養補給や減量後の回復食としても適しており、低糖質・低カロリーなので減量時にも有用だ。

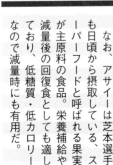

No.62

調整法

試合前の5分間をどう過ごすか イメージトレーニングしておく

試合直前になって極度の緊張をしてしまう。あるいは不安に襲われ、それらが焦りを生み、試合に集中できなくなってしまう。このような経験をしたことがある選手は多いのではないだろうか。

そこで、試合開始直前の自分をイメージトレーニングすることをおすすめしたい。イメージトレーニングと言っても、試合でいいパフォーマンスを発揮している瞬間の自分をイメージするだけではない。試合前で緊張している、あるいは不安に襲われている自分や、自分にとって不利な状況で試合が推移しているパターンなど、あらゆる状況をイメージしておくといい。そして、それらの対処法もイメージしておけば、試合前に緊張することすら想定内となり、準備万端で試合に臨める。

Point 1 試合直前の自分をイメージして準備

イメージトレーニングと言うと、試合でいいパフォーマンスを発揮しているシーンをイメージする人が多いかもしれない。もちろん、それは不正解であると言うつもりはないが、試合開始直前5分間の自分をイメージして準備しておくのは、非常に有効だ。

その瞬間、緊張している自分がいるのか、不安を抱いている自分がいるのか、あるいは自信に満ち溢れている自分がいるのかなど、あらゆるシーンをイメージしておく。そして、緊張していたらこうして心を落ち着けよう、といったように、その対処法などをシミュレーションしておけば、焦ることがなくなる。

Point 2 5分前に行うことを決め、試合にスムーズに入る

Point1で試合5分前の自分をイメージするが、このとき、なにを行うのか決めておくことも重要だ。つまり、試合場前に出て行ったとき、試合のテーマを確認したり、どのようなウォーミングアップするかなどをシミュレーションしてイメージしておき、実際に試合場前に出ていったとき、シミュレーション通りに行動することで、試合にスムーズに入っていける。

また、緊張していたり不安に思っている自分をイメージできていれば、仮に不安を抱いたとしても、それすらが想定内のことなので、用意した対処法を行うなどして、焦らず試合に入っていける。

Point 3 試合の流れもイメージしておく

試合前のイメージだけではなく、試合開始後の流れもイメージしておくといい。いいイメージで試合が動いていくパターンはもちろんだが、自分が不利な状態で試合が推移していくパターンもイメージしておこう。さらに、イレギュラーなことが発生した場合などもイメージしておくと、いかなる状況になっても焦ることなく落ち着いて対処できるようになるはずだ。

いいパフォーマンスをイメージすることで、それをモチベーションに変えるイメージトレーニングもあるが、いいパターンばかりでは不十分だ。

そして最後には自分が勝っている、というイメージも忘れずに。

アドバイス 言い訳しなくなるほどのすべてを準備しておく

あらゆるパターンのイメージを想定しておくと、どのような状況になっても焦ることなく落ち着いて対処できるようになる。しかし、効果はそれにとどまらず、仮に試合に負けてしまったとしても、すべて準備した上での敗戦となるため、自然と自分に言い訳しなくなるものだ。

なお、イメージを想定することは、シナリオを作って持っておくと言い換えることもできる。そこで注意しておきたいのが、あくまでもイメージ(シナリオ)は準備しておくものであり、その通りに進めるための台本ではない、ということ。試合が始まったら、当然思い通りに事は運ばないので、イメージしたことは考えず、試合に集中しよう。

早川光由の格言５

『相手の力を引き出すスパーリングは、何も格下の相手と練習する時だけにやることではない。格上の相手と練習する機会に恵まれた時こそむしろすべきことだ』

『格上の人とのスパーリングでは、相手の攻撃を受けつつも、それを吸収し習得することを意識すること』

『柔術の技なんてどこから覚えても良いんです。パズルのピースみたいなもんです。どうせ最後は完成するんだから』

『打ち込みの危険性。間違って覚えた技を１００回スピードドリルしてしまえば、その動きが染み付いてしまう』

『スパーリングで新しい技にトライし続ければ、最初はなかなかうまく行かなかった技も、いずれタイミングよく決まる日がくる。すると次回以降もそのタイミングが「見える」ようになる。生きた技となった瞬間だ』

監修

早川光由 Mitsuyoshi Hayakawa

トライフォース柔術アカデミー総代表
日本ブラジリアン柔術連盟顧問
1975年9月21日生まれ。東京都出身。

世界選手権　ベスト8（2006年）
全日本オープン大会　優勝（2002年）

早川は、日本で最初にブラジリアン柔術のクラスが開講した正道会館にて、1996年よりトレーニングを開始した。20歳に至るまで、格闘技はおろか何の運動経験もないまま柔術を始めるが、その才能をすぐに開花させる事となった。競技者としてのキャリアがスタートしてからは、国内敵なしの実力を誇り、柔術界では「技のオモチャ箱」の異名を取る。

2000年以降は主戦場を海外に移し、あらゆる国際大会で戦い好成績を収める。またブラジルの名門アカデミー・アリアンシへ入門し、長期に渡る修行を敢行した。2002年、ブラジルのリオデジャネイロ州杯で勝利し、アリアンシのアレッシャンドリ・パイヴァ師より黒帯を授与された（日本人初）。

黒帯取得後、2002年に行われた全日本オープン大会にて、ヒクソン・グレイシーとも対戦経験のあるレジェンド中井祐樹との試合に勝利し、名実ともに日本最強の称号を得た。2004年には自らの理想を実現すべくトライフォース柔術アカデミーを設立し、同年の世界選手権において黒帯トップ8入りを果たした。

早川は、競技としての柔術の実践者であるだけでなく、指導者としても多くの実績を残している。チャンピオンを育成し、全国各地および海外にて柔術セミナーを行い、普及にも力を入れている。また護身術の技術にも精通しており、日本ではそれを指導することが出来る数少ない指導者のひとりだ。

2007年以降は日本ブラジリアン柔術連盟の本部長、審判部長、常務理事を歴任し、組織の基盤と礎を築いた。現在は後進にそれらの責務を託し、トライフォース柔術アカデミーの発展と選手育成に力を注いでいる。

監修

芝本幸司 Koji Shibamoto

トライフォース新宿支部ヘッドインストラクター
1980年8月23日生まれ。愛知県出身。

日本ブラジリアン柔術連盟 殿堂入り
世界選手権（SJJIF） 優勝（2022年）
世界選手権（IBJJF） ベスト8（2012年～2016年、2018年、2019年）
ヨーロッパ選手権 優勝（2012年、2017年）
アジア選手権 優勝（2012年～2015年、2017年～2019年）
全日本選手権 優勝（2012年～2020年、2022年）

芝本は、柔道の名門である東海大学柔道部出身であり、国体への出場経験を持つ。大学の体育学部武道学科を首席で卒業した芝本は、柔道を引退して一般企業へ就職した。格闘技の道から完全に身を引いた芝本であったが、毎日仕事だけの生活をしていく中で趣味として打ち込めるものを探し始め、2005年にブラジリアン柔術と出会った。

柔術を始めるにあたっては、日本で最高の指導者と目される早川光由に師事することを決め、トライフォースの門を叩いた。入門以来熱心な稽古を続け、紫帯取得後はトライフォースの本部指導員を任せられた。芝本の柔術への情熱はさらに高まり、茶帯取得後には勤めていた会社を退職し、トライフォースで本格的な柔術修行に専念することを決意した。その後、2010年の全日本選手権、そして世界選手権を制覇し、同年6月に早川より黒帯を授与された。

黒帯取得後も選手としての活躍を続ける芝本は、国内の主要タイトルを全て獲得し、ヨーロッパ選手権、アジア選手権などの国際タイトルも次々と手中に収めた。2012年には国際ブラジリアン柔術連盟が定める黒帯ランキングに日本人として初めてランクインした。全日本選手権四連覇を達成した2016年には、日本ブラジリアン柔術連盟の殿堂入りを果たしている。

2010年に設立したトライフォース新宿の代表を任された芝本は、日々後進の指導にも当たっている。また、より高度な指導スキルや柔術の原理・原則を修得するために、早川の弟子としての修行を怠っていない。世界レベルの実力と指導スキルを兼ね備える芝本は、まさにトライフォースが誇る最高の指導者の一人だ。

撮影協力

芝本さおり Saori Shibamoto

トライフォース本部
インストラクター

アジア選手権　優勝（2017年）
全日本選手権　優勝
（2016年、2017年、2020年）

篠田光宏 Mitsuhiro Shinoda

トライフォース本部
インストラクター

全日本選手権　茶帯
3位（2022年）
全日本オープン大会　茶帯
2位（2022年）
全日本選手権　茶帯
3位（2021年）

澤田伸大 Nobuhiro Sawada

トライフォース本部
インストラクター

ノーギ世界選手権
優勝（2018年）
パンアメリカン選手権
3位（2019年）
アメリカンナショナル選手権
優勝（2017年）

吉永力 Riki Yoshinaga

トライフォース本部
インストラクター

アジア選手権　茶帯
優勝（2019年）
全日本選手権　茶帯
優勝（2020年）

山田秀之 Hideyuki Yamada

トライフォース本部
インストラクター

パンパシフィック選手権
優勝（2017年）
ローマ国際　優勝（2019年）
ソウル国際　優勝（2016年）
アジア選手権　2位（2017年）
ヨーロッパ選手権　3位（2014年）

鈴木和宏 Kazuhiro Suzuki

トライフォース本部
インストラクター

全日本選手権（SJJJF）　茶帯
優勝（2022年）
全日本選手権（JBJJF）　茶帯
2位（2021年、2022年）

動画のまとめページはこちら

https://www.youtube.com/channel/UCfan_faHYyoer9xVJe0EK1w

※二次元コードについては、お手持ちのスマートフォンやタブレット端末バーコードリーダー機能や二次元コード読み取りアプリ等をご活用ください。
※機種ごとの操作方法や設定等に関するご質問には対応しかねます。
その他、サーバー側のメンテナンスや更新等によって、当該ウェブサイトにアクセスできなくなる可能性もあります。ご了承ください。
※YouTubeの視聴には、別途通信料等がかかります。また、圏外でつながらないケースもあります。あわせてご了承ください。
※ブラジリアン柔術動画の権利は冨沢淳と株式会社メイツユニバーサルコンテンツに属します。再配布や販売、営利目的での利用はお断りします。

STAFF

●企画・取材・原稿作成・編集
冨沢　淳

●写真
真嶋和隆

●動画・写真撮影（3章）
さくらムービー
（株式会社浦和映像技研）

●写真提供
一般社団法人
　日本ブラジリアン柔術連盟
株式会社フルッタフルッタ

●Design & DTP
河野真次

●監修

早川光由
Mitsuyoshi Hayakawa

トライフォース柔術アカデミー
総代表
日本ブラジリアン柔術連盟
顧問
1975年9月21日生まれ。東京都出身。

芝本幸司
Koji Shibamoto

トライフォース新宿支部
ヘッドインストラクター
1980年8月23日生まれ。
愛知県出身。

TRI-FORCE
JIU-JITSU ACADEMY SINCE 2004

ブラジリアン柔術 必勝! 戦術バイブル 増補改訂版
試合運びがわかる実践動画付き

2023年3月20日　第1版・第1刷発行

監　修　早川光由・芝本幸司（はやかわ みつよし・しばもと こうじ）
発行者　株式会社メイツユニバーサルコンテンツ
　　　　代表者　大羽孝志
　　　　〒102-0093 東京都千代田区平河町一丁目1-8
印　刷　株式会社厚徳社

◎「メイツ出版」は当社の商標です。

ご意見・ご感想はホームページから承っております。
ウェブサイト　https://www.mates-publishing.co.jp/

編集長:堀明研斗　　企画担当:千代　寧

※本書は2020年発行の『ブラジリアン柔術 必勝! 戦術バイブル 攻防を制する55のポイント』を元に加筆・修正、装丁を変更し、「増補改訂版」として新たに発行したものです。